生命的善行

托尔斯泰陪你
走过春夏秋冬

（俄罗斯）列夫·尼古拉耶维奇·托尔斯泰 著

冯永　李俊杰　译

中国华侨出版社

北 京

目录

十月

十月一日　　大智慧／002

十月二日　　信仰／004

十月三日　　财富不能带来满足／006

十月四日　　爱情／008

十月五日　　谴责／010

十月六日　　疾病／012

十月七日　　神不是偶像／014

十月八日　　科学／017

十月九日　　认识自己的精神力量／020

十月十日　　死的痛苦／023

十月十一日　　骄傲／025

十月十二日　　摆脱社会习惯／027

十月十三日　　社会的暴力／029

十月十四日　　艺术的责任／031

十月十五日　　成长／034

十月十六日　　在每个人的心里都可以找到神／037

十月十七日　宗教意识的改变／039

十月十八日　把握现在／041

十月十九日　人生的价值／043

十月二十日　人生就是奉献／045

十月二十一日　平静／047

十月二十二日　傲慢的开端是私心／050

十月二十三日　良知／052

十月二十四日　团结／054

十月二十五日　对自己和他人的价值进行了解／056

十月二十六日　事业／058

十月二十七日　真正的宗教不能和理性相背离／060

十月二十八日　苦难／062

十月二十九日　浇灭邪恶的唆使／065

十月三十日　论私心／067

十月三十一日　不要尊重落伍的思想／070

十一月

十一月一日　谦卑 / 074

十一月二日　诱惑 / 077

十一月三日　人为的法则 / 079

十一月四日　争论 / 082

十一月五日　思想的力量 / 084

十一月六日　不要去谴责别人 / 087

十一月七日　死是一种改变 / 089

十一月八日　从内心把神唤醒 / 092

十一月九日　认清自己有多么重要 / 094

十一月十日　虚假 / 096

十一月十一日　努力 / 099

十一月十二日　土地 / 101

十一月十三日　修身 / 104

十一月十四日　最重要的知识 / 107

十一月十五日　财富 / 110

十一月十六日　信仰 / 113

十一月十七日　现在／116

十一月十八日　不局限于小我／118

十一月十九日　恶行会使自己受到伤害／121

十一月二十日　勇气／124

十一月二十一日　善行由每天的一举一动来衡量／126

十一月二十二日　培植才是关键的，建设不是／128

十一月二十三日　生命的意义／131

十一月二十四日　慈悲／133

十一月二十五日　战争／136

十一月二十六日　一根蜡烛可以点燃千根蜡烛／138

十一月二十七日　不要被情欲掌控／141

十一月二十八日　不朽／143

十一月二十九日　语言就是行为／145

十一月三十日　谈谦虚／147

十二月

十二月一日　女性的责任 / 150

十二月二日　素食 / 152

十二月三日　艺术 / 154

十二月四日　尊严 / 156

十二月五日　理性 / 158

十二月六日　谬误 / 160

十二月七日　如果一粒麦子没有死在地里 / 163

十二月八日　教规 / 166

十二月九日　论爱国心 / 169

十二月十日　诱惑 / 172

十二月十一日　最自然的工作就是农耕 / 175

十二月十二日　善良 / 177

十二月十三日　信仰在行为上体现出来 / 180

十二月十四日　人的心就是为了将神的光反映出来 / 182

十二月十五日　真理 / 185

十二月十六日　增强人们之间的爱 / 187

十二月十七日　团结 / 190

十二月十八日　进步 / 193

十二月十九日　幸福伴随着善良的生活 / 196

十二月二十日　精神 / 199

十二月二十一日　祈祷 / 203

十二月二十二日　社会制度的凭据 / 205

十二月二十三日　睿智 / 208

十二月二十四日　成长 / 210

十二月二十五日　真正的慈悲 / 213

十二月二十六日　儿童教育 / 215

十二月二十七日　宗教本质 / 218

十二月二十八日　科学的是与非 / 221

十二月二十九日　不和暴力相对抗 / 224

十二月三十日　大团结 / 226

十二月三十一日　时间是虚无的 / 229

十月

生 命 的 善 行

——托尔斯泰陪你走过春夏秋冬——

大智慧

圣人不惧无知，也不惧自省、困难和质疑，他只惧怕一样东西，那就是把无知当知。

人只有多学习，才会知道自己所知道的多么有限。

蒙田

自己不知道的事物就要多去请教别人。

自制如同一棵对其根部和果子都无限满足的树。

就算知道会带给人不好的印象，也要时时刻刻讲真话。

不会学以致用的人就如同只会耕地不会播种的人。

阿拉伯金言

事事都要通过审验，善的、美的我们都要始终坚持。

《帖撒罗尼迦前书》5：21

人的精神力量不可能有"不充分"的现象，只是说自己汲取它的能力不充分；人之所以死不是空气不足，而是呼吸空气的能力有限。

肉体上的、精神上的，以及智力上的诸多要素，不仅过去有，将来也应该还有，而现在就可以在人的内部找到，一个人是否明白将这些要素握在手中决定了他是否拥有智慧。

露西·马洛丽

　　不仅知道善是什么、当下应该做什么，而且也知道最善的是什么，位居第二的是什么，从而知道哪件事要先做，哪件事可以先等一等，这才叫拥有大智慧。

　　我们宁愿说大智慧的内容是不够积极的，也就是知道哪些是不合理的，哪些是不合法的，哪些又是不应该做的。

信仰

十月二日

宗教和道德上的教诲尽管采用的是不一样的探讨方法，可是所做的事情却没有区别。

因此我要跟你们说，不要担心生命，吃什么，喝什么；也不要担心身体穿什么；生命重于饮食，身体胜于衣裳。

你们看那天上自由飞翔的鸟儿，不种、不收，也不在仓库里积攒食物，你们的天父不照样养活它吗？难道你们还不如飞鸟吗？

你们谁可以凭借思考，让寿数增加呢？

因此你们不要担心吃的、穿的和喝的。

你们要先探知到他的国和义，你们马上就要接收这些东西了。

因此你们不要担心明天，因为明天还有明天要担心的事，每天处理每天的难题就好了。

《马太福音》6：25～27、31、33～34

筐子里装满了面包，可是有的人却在苦恼明天要吃什么，这样的人是没有信仰的人。

《塔木德》

最好的信仰和最差的信仰之间的区别是：前者没有渴望实现某种目的，而后者是有明确的目的的。

在所有存在物之中了解神，并在自己内部发现自己和所有存在物都是合为一体的，这才是真正有信仰的人。

佛陀说世界上有以下难事：贫困而慈悲心重、富有而且有宗教信仰、不屈服于命运、克制情欲、看到极具诱惑力的东西也不想据为己有、尽管不成功却依然拥有顽强的力量、没有恶念没有报仇雪恨之心的忍辱、打探事物的底细、不批评愚昧的人、从小我的壳中走出来、成为善良有学问且睿智的人、寻找宗教根源、一个人进入灵魂深处、尽量不与人辩驳等。

中国佛典

大部分人对神只是盲从，而没有倾听神的声音。事实上人最好可以倾听神的声音而不是对神盲从信仰。

永久地而又短暂地活着！也就是说，在工作时，我们应该怀着一颗自己会一直活着的心情，而在与人打交道时，则要怀着不久就要离开人世的心情。

宗教原本就是要对我们所有的义务都有所了解，而这些义务的依据就是神的戒律。

康德

道德上的教诲如果不是义务的、宗教的，就还有待完善。而宗教假如不是道德观，不是引导人走向善良的生活，那么它也就不用存在了。

财富不能带来满足

十月三日

富贵不可能带给人满足；人富贵的程度越高，欲望就越是强烈，而所想要得到的往往越不容易得到满足。

我们很难从我们的欲望中看出正确的边界。人的满足取决于一个人的欲望和他的财产二者之间的关系，是相对的东西。所以对于人的满足来说，财富本身就像是一个分数，却没有分母，没什么意义。假如自己不拥有的东西其实是自己不渴望拥有的，那么对自己来说，这样东西就是毫无价值的。在这样的情况下，一个人也可能会得到完全的满足。可是假如有人比前者所拥有的财富要多成百上千倍，却没有得到自己真正想得到的东西，那他肯定会觉得自己很可怜。

叔本华

即便一个人不能达到欲望的标准，也应该明白自己拥有的已经不少了。

利希滕贝格

真正令人同情的贫困是欲望太多，而不是得到的太少。

塞涅卡

最好的生活态度莫过于尽可能不要欲求太多，尽可能多给予，少得到。

爱默生

把财宝保存在地上是不明智的，因为地上有虫子，也会被锈掉，还有窃贼；而保存在天上就不一样了，不用担心虫子咬、不会锈掉，也没有窃贼；因为你的心跟你的财宝在一个地方。

《马太福音》6：19～21

我们应该欲求的是暴君无法剥夺的、窃贼不能偷走的、你死后还能留下来的、一定不会腐烂的财富。

印度谚语

避免贫穷的困扰有两种方式：一种是让自己拥有更多的财富；还有一种是克制自己的欲望。前者我们通常难以实现，而后者却是我们可以做到的。

爱情

十月四日

爱不仅带给人们发自内心的快乐，爱还是世间快乐之本。

真正的爱情不是指对某一个人的爱，而是指爱所有人的这种精神状态——这种状态就是我们心灵美好的开端。

不要认为你待他人友善是你对他人的馈赠，恰恰相反，这是你对自己的馈赠。

莫要强迫别人来爱你，但是你要去爱他人，这样你就会为人所爱。

《虔诚的信念》

把生活的苦楚变为温情，把以怨报德变为善行，把侮辱变为宽恕——这才是伟大灵魂中的神圣炼金术。这种转变的实现应该是很平常、很容易地，这样才能让他人很自然地接受，而我们也不需要为此得到他人的赞赏。

埃米尔

爱，意味着你要生活在你爱的人的生活里。

圣人无常心，以百姓之心为心。善者，吾善之；不善者，吾亦善之，德善。信者，吾信之；不信者，吾亦信之，德信。

圣人在天下，歙歙焉，为天下浑其心。百姓皆注其耳目，圣人皆孩之。

老子

爱告诉我们一个有益的秘密：与自己和睦地生活，与所有人和睦地生活。

《沉思录》

如果没有爱，任何东西都无法使你感到幸福。每一种因爱而采取的行为，即使看起来微不足道，事后也会给你带来善果。

《沉思录》

信仰就是爱的最高形式。

帕克

你越是表现出爱，他人越是爱你；他人越是爱你，你就越容易去爱他人。爱正是如此得以永恒。

　　我们必须多观察多查看以后，才能对邻人的不足之处发表自己的观点。

　　看到有人在犯错时千万不要恼怒！按照常理来说，没有人是刻意要去犯错，没有人乐意自己拥有盲目的理性；一个人把虚伪的东西当作了真理，所以他才会犯错。

　　可有些人尽管不是迷妄，当真理就明白地呈现在他眼前时，他却刻意对真理视而不见，不接受真理。在这样的情况下，他们只是怕真理会把他们的恶行公之于众，让他们无法为自己的罪过辩护，而不是不了解真理。对于这种人，我们应该寄予同情，而不是愤怒，因为他们的良心正在生病呢！

爱比克泰德

　　时间会流走，可说出来的话却会一直保留下来。

　　假如一个人被一群人讨厌，在你融入他们之前你要特别谨慎，先弄清楚是为什么。假如有一个人被一群人赞扬，在你融入他们以前你也必须这样做。

（这句话的原文：众恶之，必察焉；众好之，必察焉。）

孔子

我们的担心和紧张都是源于我们忘了纠正自己，而只想着纠正别人。

露西·马洛丽

因为不谨慎，所以才会导致纵情，而言语谨慎代表着伟大的德行。

圣贤思想

管住舌头是最好的美德。

如果你一定要批评某人，那么最好是当面给他指出来，而且尽可能不要让他厌恶你。

疾病

十月六日

疾病是自然而然发生的，我们必须知道如何预防和处理它。

"只有拥有健康的身体才会有健康的精神。"虽然在某种情况下，这句话或许是无误的，实际上只有精神健康了，你的身体才会健康；道德的生活——劳动、单纯的饮食、克制、禁欲——健康的所有要素都包括在里面了。

不重视肉体的健康相当于让自己无法给别人提供服务，可是过分操心肉体却会带来一样的结果。只有在不影响给他人提供服务，也不和这个相冲突的范围内担心自己的身体才是最合适的唯一的办法。

一个人履行自己的义务是不会受到任何疾病的阻挠的，假如不能通过劳动给人提供服务，那么就用"心怀爱的忍耐"所展现出来的力量去让别人感动。

相较肉体上的疾患，思想上的疾患更难以解决，而且后者出现的频率要高得多。

西塞罗

古希腊医学鼻祖希波克拉底（Hippokrates）的观点是——"治疗的基本前提是对肉体直接造成伤害"。这种说法不适合治疗肉体，更不适合治疗精神。

　　不管是曾经的放血疗法，还是现在的手术或毒物疗法，在很多情况下，不直接对肉体造成伤害的法则都不适用。那么精神方面又怎样呢？对疾病进行治疗当然免不了伤害精神，这是大家之前没有意识到也从来不知道的事。所谓对精神造成的伤害是指将无限度的利己主义看作合理的事，也就是自己要得到他人的伺候以取代自己给他人提供服务。

　　疾病本身并不恐怖，恐怖的是治疗的时候。可是这并不是指无益的治疗法，而是觉得自己可以因为疾病而对道德上的要求不管不顾。

神不是偶像

十月七日

神的名字我们可以不称呼，神这个字眼我们也可以避开，可是我们必须了解神：神不存在了，一切都将化为乌有。

我之所以知道现在我所知道的这一切事情，就是因为神存在，而且我知道这一事实。

基于这个事实，不管是对别人、对自己，还是对跨越时空的生活，我们才能有更加稳定的关系；我不仅看到了这个真实的事实，而且也看到了这个事实如果被违背了，其观点将是无解的，而且我还看到大家最容易认识和认可的真理也只有这个事实。如果问神是什么，我会这样回答他："神的存在是无穷尽的，我只是其中的一部分。"

对于我来说，神是我奋斗的目标，我所有的生活都在这里；而且因为我奋斗的目标是神，对于我来说，它是真实存在的。可是虽然我有可能认识神，我却不能冠以它任何称号。如果我认识神，我就已经来到了神的地方，而如果我没有奋斗的目标，生活也就不可能存在了。

尽管我认识神，却没办法给他冠以称号。我知道神，也知道应该朝哪个方向走才会靠近神——在我所掌握的所有知识中，可以说这是最真实的知识。不和神待在一起时，我时常会觉得害怕，只有和神待在一起时，我才能不再害怕。

出于自私而产生的宗教行为——像祈祷下雨，把供物奉献出去以求得到将来的回报，这都是利己的行为。可是只是认识神以后所产生的行为，和私利不相关的行为，才是最有意义的。

真正拥有信仰的人，在天地万物中认识到最巅峰的智慧，肯定会把自己有限的认识能力舍弃掉，然后进入到璀璨的神灵境界中。

所有婆罗门教徒都应该从心出发，更仔细地观察，从而发现在神的智慧中可以找到所有世界，不管是有形的，还是无形的，因为一个人一旦发现了这个，就说明他不会再被邪恶的思想所征服。

《印度马奴法典》

当我提到神时，你们不要觉得我所说的是用金或银打造的某种物体。我所说的神是指你们从内心深处感悟到的东西，事实上神一直在你们心中，只是因为你们心中有一些污浊的想法或不堪的行为，才玷污了你们心中神的形象。当你们面对你们所膜拜的黄金偶像时，你们总是异常小心，生怕触怒了神，可是当你们面对你们心中真正的神时，你们却会有一些不堪的思想或行为，你们难道不觉得羞愧吗？

如果我们知道自己心中就有神，也就是知道见证我们所有思想和行为的人就住在我们自己身体里，那么我们就不可能犯罪了。让我们尽量多想起神吧！

爱比克泰德

神是人在平常生活中一定要努力实现的目标，而不是我们一定要恳求、献媚的偶像。

露西·马洛丽

在我忘了神的存在或背叛神时，我总能特别清晰地感觉到神的存在。我称呼他为"神"，可是我不知道这样称呼对不对，也不知道你们是否明白我的意思。

梭罗

在选择靠近神时，我们一定不能勉强。"让我去神那里吧，让我依靠神生存，从前我都是依靠魔鬼生存，从此以后让我依靠神生存吧，这样我就能摆脱不幸了。"——这真是最大的不幸。靠近神和结婚的情况很相似，假如不是从内心深处想要靠近就没办法靠近，所以对于不是从内心深处想要靠近神的人，我想说："那么就待在诱惑中不要出来吧！"可是假如有人问："只靠近神而远离魔鬼这种想法是不是也不对？"我会这样回答提问的人："去吧，去和魔鬼共舞吧！"假如要在歧途上犹豫不定，或假装靠近神的样子，还不如让魔鬼之火烧了自己，这样都比前者要强上百倍。

即便有人对自己呼吸的空气不太清楚，可是当他无法呼吸时，他肯定会觉得有什么东西被强行夺走了。即便有人不清楚神是什么，失去神的人也会产生这样的感觉。

一直把神放在心中是件非常了不起的事。这并不是指从语言上来认识神，或对神进行称呼，而是一直记得我们的一举一动都是在神的监视下，有时会批评我们，有时会表扬我们的生活方式。俄罗斯农民之中流传这样一句话："嗨，你忘了神吧！"

科学

只有那些从来不思考生活中最重要问题的人才会相信，任何事情对人类的智力来说都是可以做到的。

世上有三种人：一种人是对任何事物都不信；另一种人只相信自己从小就被教识的东西；第三种人相信自己用心理解的那些东西。这里所说的第三种人是最聪明也是意志力最坚定的人。那些只信自己从小就被教识的东西的人不那么聪明也不太坚定，但是仍然没有失去做人的本质：去认识某种高尚的、不可思议的东西。呼唤上帝甚至是圣尼古拉的老妇人一旦做高尚的、发自内心的需要舍己的善事时，会比第一种人更接近真理。

万物的起源皆是秘密。每一种个人生活或者集体生活的原因也是神秘的，不可理解的，无法表达的，不确定的。总而言之，每个都是无法解决的谜，每个起源都无法解释。的确如此，已完成的事情可用过去来解释，但是起源从未完成。起源总是代表创作的最初奇迹，因为它没有其他事物的后果，它只是存在于伴随它产生的环境、情况、状态的原先事物中。这种诞生是无法解释的。

埃米尔

由于你之前所受的良好教育，你可以测量圆形物体、正方形物体以及星状物体之间的距离。因为你所知的几何学，一切都可实现。如果你是一名优秀的机械师，那么去测量一下人类的智慧吧。告诉我，人类的智慧有多大或者有多小。你知道什么是直线。如果你不知道生活中的直道，那你将大大受益。对于培养美德来说，所有自由的科学都是站不住脚的。如果这些自由的科学对于某些东西是有益的，但是对于美德来说它们一文不值。它们不会使智慧产生出美德：它们不过是扫清道路而已。

塞内卡

　　植物界中的奥秘就像是我们人类生命中的奥秘一样。生理学家徒劳地希望可以用机械定律去解释这种奥秘，就像解释他自己研制的机器一样。我们无法用手指去感受圣人的生活或者动植物的生活。我们这样做什么也发现不了，仅仅是能看见表面问题。

梭罗

　　我们通过显微镜和望远镜所看到的物体是无足轻重的。

梭罗

　　大批量书籍的传播速度要比教导读者快得多。少数作者限制一下会比多数读者不假思索的读好得多。

塞内卡

　　尝试去认识不可能被认识的东西还不如了解一些可以了解的东西。

任何东西都不能腐蚀和削弱智力，也不能引起像似陷入在未知领域而产生自负心理。不要假装明白你其实并不明白的东西，这是你所能做的最可耻的事情之一。

认识自己的精神力量

十月九日

已经对生命的认识达到最高精神境界的人，也就不会再为生和死觉得不幸了。

在世界上，我们通过物质的形式表现出对现实生活的意识醒悟，可是我们的精神本质却被物质形式所限。

因为精神被物质所限，所以真正的人生就是为了不停地解除这种约束，而对它的完全解除就是死，就是彻底摆脱——有了这样的认识，对于生死，我们就会觉得如释重负。

只要你一直信奉自己的存在法则，不管你被命运放到什么地方，你都会和你的本质、精神、生命核心、自由和力量同在。你自己和心灵的合二为一是最伟大的，再伟大的或表面的幸福都不足以损坏它，也不能因为此而让精神的完美遭到损坏，导致自己和内在无法融合。

马可·奥勒留

我们非常清楚我们的内在不仅有某种伟大的无所不能的无极限的东西，也有某种自私的弱不禁风的东西，这二者间的冲突一直都存在，所以，我们便有时觉得高兴，有时又陷入苦恼中。

肉身是从肉身生的，灵是从灵生的。

你不要讶异，我说你们一定得重生。

风就顺着它的意思吹，你尽管听到了风声，可是不知道它来自哪里，又要去往哪里。只要是来自圣灵的，都是这样。

《约翰福音》3：6～8

当一个人知道世界上的一切都有赖于这个至高精神时，也知道在所有存在物中都可以找到这个至高精神时，他就会看重所有。

当一个人知道所有精神性的东西和那至高精神是紧密连接在一起的，他便不会再哀叹和虚妄了。

对这些事一无所知，只注重宗教仪式的人称得上是被一片黑暗所淹没的人，而终其一生只有世俗观念的人则会被更深的黑暗所笼罩。

《奥义书》

除了那些只追求智慧的人，所有人都可以获得财富。只要你足够无私，你就是最强的。为什么？因为灵魂控制着物质，世界属于上帝。天上传来声音，说"鼓起勇气来，我已征服世界"。

上帝啊，赐予弱者力量吧！

埃米尔

虔诚地向神靠拢的人，神会提升他，所以人向神的目标奋进是很正常的。神会主动来接近人，走进每个人心里。没有哪个人可以离开神还拥有平和的心灵。

西塞罗

上帝吸引那些有追求的人。人们追求上帝也就不足为奇了。上帝走向人们，走到人们心灵的最深处。没有比上帝再好的心灵了。

塞内卡

一个人只有认识到自己的精神力量，才能得到救赎；一个人如果对自己的精神力量有所了解，那么不管他遭遇什么样的境况，都不会再陷入不幸中。

死的痛苦

十月十日

人类作为一种动物，对死产生抗拒是无可厚非的。可是人可以通过理性把态度来个一百八十度大转弯，死这种东西也不是不能接受的。

死的痛苦会激发人抗拒死亡，可也正是因为这种痛苦，人甘愿赴死。

康德

生和死好像并没有什么相似的地方。或许正因为这样，我们才使得理性之光越来越昏暗，并渴望动摇"死是必然"的想法；生活一贯都在于坚守现实，就如同童话中的鹦鹉在咽气的那一秒还在不停叫道："没事，挺好的！"

卢梭

当死亡无限靠近的最后一刻来临，精神便会离开肉体。脱离了肉体之后的灵魂会和超脱于时空以外的万物之源合为一体，抑或和其他有机形体融为一体，这些我们并不知情。我们所知道的只是当初给予我们生命的人放弃了肉体，对它进行了分解。

你是怎么到这个世界上来的，你一无所知，你所知道的只是自己来的时候就是现在这个样子。而你来到这个世界以后，你就不断往前，等走了一半时，忽然觉得索然无味，只想就此停下来，不想再继续往前走了，因为我们不知道最后会走到哪里。可是你的来处，你不也是一无所知吗？虽然这样，你依然来了，你进来的时候走的是入口，难道你不想从出口出去吗？

　　你的一生也代表了你所走过的心路。在你一直往前走时，忽然会因为终有一天会走到末路而觉得难过，你担心因为死亡，自己的状态会有很大的改变，可你不也因为诞生而发生了很大的改变吗？这种变化不仅没有害，反而还有利呢。比如说，你现在不是就不忍离开吗？

　　对于生活中发生的所有事情，如果我们都相信其之所以发生，最后的目标都是我们的幸福，如果我们笃定幸福就是生活的源头，那么我们也会笃定在走向死亡的道路上所经历的所有事情目标依然直指我们的幸福。

骄傲

十月十一日

被大多数人赞誉的往往是一些有害的、没多大用处、并不真正值得被人敬爱的东西，像权力、财富等。

自己不具备读写的能力，就没办法教别人读写。一样的道理，连自己都不知道应该做什么的人，又怎么能告诉别人"应该做什么"呢？

马可·奥勒留

假如有人觉得自己并不比其他人优秀，所以也无法找到赞扬自己或满足自己的理由，那么他绝不是一个没有价值的人。

有些人刚吸收进去一点圣贤的思想，就马上想要传授给别人，这就如同他们刚把食物吃下去就又吐出来的胃一样——一定不要学习这种人。我们聆听过来的教诲要先自己反复思考，反刍之前先不要着急忙慌地想要吐出来，要不然它们就只是一堆毫无用处的、恐怖的垃圾而已。

爱比克泰德

傲慢和认识人的尊严是两码事。表面上越成功，人就会越傲慢，可是越把自己放到表面上的低位置，越会察觉到作为一个人的尊严。

　　傲慢的人尊重的是世人如何评价他，而不是他自己；察觉到自己尊严的人则会尊重自己，而并不关注世人如何评价自己。

　　一个有智慧的人会发现自己的愚昧，而不聪明的人，也就是真正的愚夫会始终相信自己是聪明的。
　　就像汤勺虽然一直待在汤里，却不知道汤是何味，愚人尽管一辈子都待在贤者身边，却从来都没办法认识真理。

佛教智慧

　　非常自负的人往往把自己局限在一个狭窄的壳里，这之间的因果关系是相互的——因为过于自负，所以一直局限；而因为他太过于局限，所以非常自负。这样的人觉得自己所做的事已经够好了，够完满了，再也不可能做出更好的事了。

　　糊涂人一生依赖在智者身边，便永不会知道真理，正如勺子永远不会理解食物的味道。

《法句经》

　　一开始，一个傲慢的人也许会带给人一种错觉，也就是说，大家也许会被他所迷惑，而对于他所坚信的事也表示认可。可是大家一旦觉醒，那个人马上就会变得很可笑。

摆脱社会习惯

一个人必须付出极大的代价，才能摆脱已经认可的习惯，可是内在完成的首要任务和摆脱习惯是相互连接在一起的。

不管是在现实生活中，还是在精神生活中，有一个原则都非常重要，那就是——"我当然要遵照我自己的意思来做，而不是遵照别人的意思来做"。可是要真正做到这个原则却是很难的，因为在你的身边，有太多的人觉得你应该做什么，他们比你更清楚。我们在世界上，根据世界的习惯生活是轻而易举的，在孤单中遵照自己的意思行动也不难。可是难的是在人群中依然可以让自己不人云亦云，这才是真正伟大的人。

爱默生

恪守自己良心的标准、和周围社会习惯相背离的人，一定要严格要求自己而且要非常小心；他只要犯一点错误，也许就会被认为罪大恶极，而更为厉害的是他只要稍微不小心就会把自己好不容易做出来的决定推翻。

对事实上和你没什么关联的诸多社会习惯表示逢迎将会大大

消耗你的精力、浪费你的时间、让你的本性荡然无存；假如你始终站在悠久的制度这一方、随声附和、屈服于所有人，那么最后要想知道真正的自己到底是什么样的就会变成一个大难题。毫无疑问，一些不值一提的小事情占用了你宝贵的精力，这样的生活将会把你的心灵和肉体都一起抹杀掉。

爱默生

社会告诉所有人："你的想法要和我们的想法一样，你要相信我们所相信的，饮食、穿戴都照我们的样子来，要不然你就会被大家所诅咒。"和社会习俗相违背的人，社会便会用讥讽、诽谤、排挤、讨厌等方式让他的生活如坠地狱。可是不要屈服于社会，更有魄力一些吧！

露西·马洛丽

邪恶的人会压迫过道德生活的我们，还会讥讽我们守善德，可是我们不需要因此哀叹或觉得受到了羞辱。邪恶之人痛恨有德之人是正常的事，对于过着正常生活的人，邪恶之人深感忌妒，于是想要败坏他人的名誉来给自己洗白，有德之人被他们看作是和自己走向相反方向的人，并因此痛恨不已，可是我们大可不必为此哀叹，因为如果你被邪恶之人痛恨刚好表明你是个保持善德的人。

圣约翰·克里索斯托

向那些不遵从社会习惯的人发火是邪恶的，可是更邪恶的是陷入一般的社会习性中，和自己的良心或理性的要求相违背。

社会的暴力

十月十三日

在人类社会，相较用暴力压迫他们生活，用理性来指引人民对所有的法则予以了解则要自然得多。

最杰出的贤者（国君）统治一个国家时，人民尽管都对他言听计从，可是却没有意识到他的存在；差一等的国君，人民都亲切地靠近他而且对他表示赞扬；再差一等的国君在治理国家时，人民见到他都退避三舍；而最差一等的国君，人民都会瞧不起他。

（这句话的原文：太上，不知有之；其次，亲而誉之；其次，畏之；其次，侮之。）

老子

还处于混沌中的人觉得国家的制度就像人体的器官一样，非常神圣，是组成人类生活的必要条件。可是对于已经醒悟过来的人来说，统治者经常会让自己拥有某种虚幻的、超越常理的光环，他们通常是运用暴力手段来满足自己心愿的一个集团，而且这个集团没有走在正道上。虽然暴力存在的年代已经过去很久了，而且其形式也发生了很大的变化，组织也和原来大不相同了，可是暴力的本质一直都没变。对于醒悟过来的人来说，所谓"国家"

根本不存在，所以借用国家的名义来行使暴力也不是什么理由，他们对暴力的行径是避而远之的。通过外在的方式，国家的暴力很难被清除掉，只有通过那些意识到真理的人才有可能把它清除掉。

不管是过去的社会状态，还是如今的社会状态，国家的权力或许都有存在的必要，可是人类已经明显看出，或已经有所预测，在一种新的社会状态中，暴力只会对人类的和平生活带来阻碍。不仅仅是这样，人类必须通过内在的进步，还有远离这种暴力去达到这种社会状态。

人类互相友爱才会产生伟大的力量；相互仇视只会让力量衰弱。因为在爱中合成一体，我们便可以安身立命；因为相互争斗而四处逃窜，只会一个接一个地倒下。

露西·马洛丽

让我们尽可能去过和平的生活。

艺术的责任

十月十四日

　　将人类可以抵达的高尚而善良的情感让所有人知道就是艺术的活动。

　　不管你身处什么样的社会，生活在哪个时代，都会有当时所共有的宗教意识；这种宗教意识也许是善的，也许是恶的，而艺术所要表达的种种情感的意义也由此决定。

　　基督教艺术的任务就在于，把只有如今社会的善良人士才拥有的对邻人的爱和广阔天下都是自己手足的感情变成人与生俱来的能力，变成人普遍拥有的情感。基督教艺术不仅仅要唤起人们的手足情，而且还要告诉人实际去体验这种情感；人的精神领域会被这种艺术铺就一条康庄大道，以便让人顺道而行。

　　所谓基督徒的本能就是意识到所有人都是神之子，而且了解到因此而出现的人神合一、人人合一。所以基督教的内容也一定和这种情感站在同一条战线上。

以下这些条件是基督教的艺术作品所一定要具备的：让所有人都融为一体；在所有人心中激发起对神和对邻人的公平意识；在所有人心中激发起尽管简单却和基督教教义保持在同一条战线的人所固有的唯一情感。

就像福音书里所讲的，基督教给人的思想带来了极大的改变——在神面前，人觉得伟大的东西根本不值一提。

大家的理想变成了谦卑、圣洁、悲天悯人，而不再是埃及王或罗马王，也不是希腊之美，更不是什么腓尼基之富。真正的英雄变成了乞丐拉撒罗，而不是大富大贵的人。埃及的玛丽亚最高贵的时候是她在追悔的时候，而不是在她漂亮的时候。也就是说，拒绝财富的人、居住在小屋的人才是高贵的人。

杰出的艺术作品表现出了被爱激发的人类精神，而不是用来对征服者肖像的胜利的祭坛进行装扮。

把"人类共同融合才能得到平和快乐"这一真理从判断推理的范畴引申到情感的范畴就是现代的艺术使命，而且淘汰掉现在用暴力统治的世界，改而用神的王国，也就是被我们觉得人生最高目标的爱的王国。

来源于宗教意识的情感是多样化的，而且是全新的，因为宗教意识会展现出人和世界的新关系；享乐派的情感则是难以抑制的，是从古至今一直传承下来的。难怪欧洲的上流社会因为没有信仰，艺术所展现出来的内容也因此非常贫瘠。

　　未来科学也许会给艺术带来新的更辽阔的理想，艺术会去完成这个理想。可是现代，艺术的责任是清楚而不可辩驳的，也就是基督教艺术的责任就是为了达到人类的手足情。

成长

审察自己的内在，也就是掌控自己的心灵，并通过爱让它发扬光大，这就是人的责任。

就像一个小孩被交到奶妈手中，她必须用心爱护一样，对于交到我们手里的灵性之光，我们也必须小心爱护，并让它茁壮成长，并尽量向神靠拢。为了实现这样的目的，到底需要哪些因素呢？也许有人会觉得是满足情欲、人间带给你的荣耀，可是我要说是努力、勤恳、痛苦、压迫和失去等，也就是像福音书中所提到的那些事一样；我们必须知道对干我们来说这些东西是必不可少的，以不同方式不同程度在我们身上出现，我们应该坦然去接受，而不要觉得这些东西只会给我们的肉体生活带来损害，觉得它们既可怜又让人痛恨。

人生的价值在于为了实现全人类的生活而付出自己的全部，并不在于完成个人。

人在活着时，我们不仅可能完成个人，也可能付出自己的全部去实现全人类的生活。可是只有个人完成了，才有可能实现为全人类付出自己的全部，也只有通过为全人类付出自己的全部才

生命的善行：托尔斯泰陪你走过春夏秋冬

有可能完成个人。

通常所说的自我完成就是将自己的"自我"从肉体生活慢慢过渡向精神生活。精神生活不仅仅没有时间，也没有死，正因为这样，也就没有痛苦的存在。

我们之所以来到这个世界上，就是为了对前人的行为进行纠正、对事物的真相进行揭示、对真理和善进行激发。正因为这样，人必须大踏步向前，随时纠正自己，每天迎来崭新的生活，而且随时把大自然当作我们的老师。

爱默生

有时候，正义就像深埋于地下的一颗种子，一旦受到阳光和水分的滋养，它就会马上生长，发芽、开花、结果。可是通过暴力或不义所播撒的种子就会腐烂、凋谢，甚至最后消失得无影无踪。

《塔木德》

五岁小孩和我们之间只有咫尺之遥；婴儿和五岁小孩之间就相差了十万八千里远；而胎儿和婴儿之间横亘着一道深渊；未存在之物和胎儿之间相隔的就不是深渊了，而是无法企及的无限距离。

从幼年开始，人的精神（灵性）就一直在成长，人慢慢地、更清晰地了解到自己的灵性、靠近神、实现自我完成；不管你是

否乐意，是不是清楚，这种活动从来没有停止过。只是如果你对神所希冀的了然于胸，同样地，你也有相同的希冀，那么你的生活就会充满自由和快乐。

在每个人的心里都可以找到神

十月十六日

在每个人的心里都可以找到神，每个人都可能意识到神的存在，在福音书中，这个意识的顿悟被称为"复活"。

随着果子的长大，花瓣会枯萎。同样地，一旦你的内心开始有神的意识在成长，那么你的软弱就会无处遁形。

就算几千年以来，天地之间处于完全的黑暗中，可是一旦有光线进入，世界马上就变得澄明。对于你的灵魂来说也是如此，就算一直以来都处于黑暗中，一旦你的灵魂意识到神的存在，它就会马上透亮。

婆罗门教箴言

因为我们在自己心中认识到神，所以我们才会有自尊，自尊是以宗教为基础的。最有力的说明是谦让的伟大。不管哪个王公贵族都不能和圣人的自尊相提并论，圣人就是通过自己内心所意识到的神的伟大才能做到谦让的。

爱默生

知人者智，自知者明。

知己知天。

东方智慧

神就在你身边、你里面，和你无处不在；在我们的内心里经常也可以发现神的存在，神会亲眼看见我们的善行和恶行；没有神，人就会没办法拥有善良。

塞利卡

当你觉得难过时，就深潜到你的内心里去吧！你会在某个程度发现神。而当你在自己内心深处发现神时，所有的难过都会变得可以忍受，不再那么沉重，而且还能发现快乐和爱。

就算一个人没有在心中意识到神的力量，那也不能把这个当作他的心中不存在神的证明，我们只能说他暂时还不知道如何在自己心中了解神。

宗教意识的改变

只要人和神都存在，二者之间就肯定会有某种关联。不能说相比之前的这种关系，现在的这种关系就显得更次要，而且不合理，相反，现在所存在的这种关系更好理解，也更加平易近人。确切来说，过去的这种关系还要通过现在的这种关系来检验。

从真理的启示中，人类觉得那些最直接的启示、最独树一帜的思想都不值一提，有时甚至是很讨厌地将它们拒之门外，而接受那些已经历史很悠久的，已经被淘汰掉的东西，这太让人惊讶了！

梭罗

假如一个人局限于某种定义（就算这个定义是正确的，可靠的），为了一直正确下去，他就会像一根柱子一样坚守不动；在精神的某个发现阶段看上去像是真理的东西却会阻碍真理继续向前，甚至在更高的发展阶段引发失误。

露西·马洛丽

最常见的，也给我们造成最大毒害的一种迷信就是：觉得世界是被创造主创造出来的，存在创造主这样一个神。

　　事实上，对于存在创造主这样一个神的说法，我们既没有切实的依据，也不需要去探究（中国人和印度人就没有这样的想法）。而且作为创造主的神和基督教所称的父神或灵并没有一致的地方，这里所说的父神或灵即是爱，在我的心中存在这样一个"爱"神，我的生活由它组成，我的生活也因此有了意义。有关创造主一类的神是无视人的烦恼或邪恶的，只有"灵"或"爱"才能让我们逃离烦恼和邪恶，时常让我们觉得和平和快乐。

　　毫无疑问，在佛典、《奥义书》、孔子及老子语录中都存在很多好东西，而我们自己的宗教思考才是最好理解的、我们最需要的，也是和我们最贴切的。

把握现在

十月十八日

未来还没到，过去的已经过去，只有现在是存在的；能展现人生的自由而神圣的力量只有现在，能展现人的睿智而善良的行为的也只有现在。

耶稣对他们说："趁现在光还在你们中间，你们赶紧走，以免黑暗来临；那行走在黑暗中的，都不知道朝哪个方向走。"

《约翰福音》12：35

通过练习，所有习惯都可以得到增强，这是人尽皆知的。只有经常走路，你才能变成健行家；只有多跑步，你才能成为跑步健将；同样地，只有多读书，你才能善于读书。反过来，你如果把这种习惯性动作停止了，习惯的力量就会慢慢减退，如果你连续十天没有走路，再起来走时你会发现双腿无力。因此，你只有反复做那件事，你才会养成某种习惯。

这种情形和我们精神方面的能力如出一辙：当你生气时，你不但做了一件坏事，也让自己生气的习惯增强了，这相当于在大火中继续添柴；在被肉体引诱时，你不要觉得你只是犯了这一点罪，更严重的是你同时让肉体行为的习惯增强了；只要是拥有理性的人都会跟我们说，我们的邪念或欲望明显会因此多很多。所以，如果你不想变成暴躁的人，就必须克制住你的怒火，而不要让这种习惯得到增强。可是在和自己的观念相抗争时，我们到底要通过什么才能得到力量呢？

在与诱惑力极强的观念相抗争时，我们最好交往德行高尚的人，阅读先哲的教训，并牢记于心。和自己的恶念相抗争的人才是真正的斗士；这种战斗是神圣的，会缩短你和神的距离；如果你打赢了这场战争，就意味着你的生活会走上平安幸福的轨道。把这两种时刻牢记在心中吧：第一就是你被恶念打败，屈从于肉欲时；还有一个就是肉欲得到满足以后，马上觉得自责。你最好能反省一下因为自制所体验到的满足，而且你一定要记得，你只要犯一次错，自制实行起来就会更加困难。如果你一边屈从于自己的恶念，一边又自信明天一定会战胜它，那么明天你肯定会再次上演今天的悲剧。很快，对于你的软弱和疾病都是因为你自己的错误这一事实，你也会开始怀疑。即便你不怀疑，你也会给自己找好借口，让自己继续腐化下去。

爱比克泰德

如果你想要对某人表达爱意或帮助某人，一定要现在就去做，因为机会是转瞬即逝的。

只要是悔悟都是有价值的，因为那是在哀叹行事时没有好好利用"当时"的力量，是在回忆"当时"应该怎么做才最好。

人生的价值

对于所有会启迪自己的事物，一个人已经随时准备好照单全收，那么对于他来说，他的人生意义就非常清楚了。可是如果一个人准备原封不动地保持自己当下所习惯的生活，觉得不能破坏掉，那么对于他来说，人生的意义就一直是含糊的。

"我是什么？我应该做什么？我可以对什么深信不疑？我在希冀什么？"（哲学家利希滕贝格觉得这些就是哲学上的问题）而在这些问题中最为关键的就是"我应该做什么？"如果一个人对自己应该做什么很清楚，那么其他所有需要认识的问题也就不在话下了。

在防止衣服长蛀虫、铁生锈，以及马铃薯腐烂方面，我的观点可能会一变再变，可是在防止灵魂的堕落方面，我依靠的就只是我自己所觉悟到的，而不是什么外在的知识。

梭罗

如果一个人找到了自己应该做的事，那么他就是幸福的，他已经找到了自己人生的目的，不要让这样的人去追求其他的幸福。

托马斯·卡莱尔

对事情的来龙去脉一无所知，只是呆呆地看着的人；或者对于自己站立在什么地方一无所知，只是呆呆看着的人，都是可怜人。

《塔木德》

对人生的意义不了解的人是可怜的，可是却有很多人觉得了解人生的意义根本就是不可能做到的一件事，甚至还有人妄言不对人生的意义进行探寻才是英明的选择。

帕斯卡

如果有个人被抓到监狱里，不知道接下来自己会面临什么，为了弄清楚这件事需要一个小时的时间。抑或说如果他已经清楚自己不久就会死去，那么为了上诉请求重判，这一小时就会变得非常有意义。在这样的情况下，他还会把这一小时浪费掉，而去打牌吗？当然这是难以想象的，可是很多心里没有"神"和"永恒"的人，刚好就做了这些荒谬的事。

帕斯卡

鸟儿们都知道自己要把窝建在哪里，这就表明它们清楚自己的使命。连鸟儿们都知道自己的使命是什么，难道我们人类竟然不知道吗？

中国智慧

一般没有见识的人或小孩子都清楚人生的意义（也就是自己应该做什么）是什么，这并不是一件难事。

人生就是奉献

十月二十日

一个人只有觉察到人生就是完成自己的使命、牺牲、奉献，他才能称得上拥有深刻的智慧。

有一件事我们无可否认，那就是我们将来一定会死亡。"人生就如同从室内飞过的燕子"，我们不知道来自哪里，也不知道要去什么地方；不管是我们前面，还是我们后面，全都处于黑暗中。当最后的时刻到来时，对于我们来说，是否有好吃的、好喝的，有没有留下很多财产，是否被嘉奖，抑或被羞辱，是学识渊博之人还是胸无点墨之人根本就没有意义。最关键的是对一直以来我们应该如何好好运用神赋予我们的智慧进行反省。

亨利·乔治

即便是一件再微小不过的事情，一个人都可以从中发现神的光华，那么他就是拥有高尚思想和深刻洞察力的人；这样的人不仅尊重自己，也尊重别人，他不会瞧不起任何一件微不足道的小事，他认为所有的事物都表现出了神的意志。

波斯金言

义务的奉献行为之一就是道德。就算统治世界的天或神不存在，道德依然是人生必须遵守的法则。人的尊严就在于认识正义，并践行正义。

《罗摩衍那》

当你和别人打交道时，你应该考虑的是你可以给别人提供什么帮助，而不是考虑别人可以给你提供什么帮助。

有关我们所有行为的准则是我们与生俱来的，不管什么权力都无法破坏它；就算受到了监狱、质问或杀害的威胁，我们也依然要坚守这一原则。

在这个被神所掌控的世界，很显然，人生的意义并不是实现个人的满足，而是牺牲和奉献。如果我们只关乎肉体、自私，那么我们一定会走向失败和死亡这条路。我们可以亲眼看见这一事实，也可以用理性对它进行解释，用整个自然去予以说明。这就是神的世界的生活原则。随着真理日趋明朗，已经认识到这一层意思的人，就不愿意再把争斗的焦点放在肉体生活的幸福上；他会觉得肉体生活的幸福只是一时的，那根本就是个残忍的主人。

我们必须亲自去做好我们该做的，寻求善的生活。

平静

暴风雨会将水的安静和清澈破坏掉，同样地，情欲、紧张、害怕、烦恼将会阻碍人了解自己的本性。

如果一个人总是心胸宽广、美丽，那么他就会是平安而幸福的；相反，心胸狭隘的人则总是不知足，且日日哀叹。

谚语

当人在做着和"真正的自我"根本没有关系的外在活动时，他一定会陷入烦恼、紧张和焦灼中，这时他会烦恼地扪心自问："我究竟应该怎么做？事情会如何发展呢？究竟会发生什么事呢？那种事最好不要发生啊！"只要是被外界事物所打扰的人都会这样。

反之，当一个人在做着和"真正的自我"相关的活动时，觉得人生就是不断自我实现的过程，他就不会被这样的苦恼所困扰。如果他紧张于自己能否更好地维持真理除掉虚伪时，我会很乐意跟他说："不要担心！你所担心的事情只是在于你如何对待它，你只需要时刻谨慎自己的思想和行为，让其一直走在正道上，不要担心事情的结果会怎样，不管发生什么事，都让它给自己的成长助一臂之力。"

"可是，如果在这个过程中，我悲摧地死了呢？"

"你说那会怎么样，是吗？这时你是以一个做了自己该做的事的令人尊敬的人物的身份而死去；每个人都难逃一死，你应该更平静地对待，当你履行完你的义务以后，你就可以淡然面对死亡了。如果我能死在对人类有好处的事情上，我就很高兴了。当我尽力让自己更好时死亡了，我也觉得很知足。这时我会在神面前张开双手并对神说：'神啊，为了让我认识你的法则，你所赋予我的所有东西，你肯定也清楚我将其运用到了何种程度。我没有对你表达过不满，没有烦恼过发生在自己身上的事，一直恪尽职守自己的义务，我很感谢自己的诞生，感谢你所给予我的一切。我将你给我的所有东西都物尽其用，那么现在请收回这一切！因为这一切原本就是你的，请你自由处置！'"

这样的死难道不是最好的吗？这样的死会让你收获良多，不可能会损失什么。可是如果你想要拥有那些原来就不该是你的东西，那么你肯定会损失掉所有你本来拥有的东西。

假如一个人想要得到荣誉和利益，想获得世俗的成功，他就会夜不能寐，每日处于烦恼和忧愁中，屈服于权势，行为龌龊。最终他又会得到什么呢？他只会得到一批听凭自己摆布的奴隶，作为一个掌控他人命运的统治者。可是，你觉得把这些烦恼解除掉是不是会睡得更加踏实？你应该知道，想要内心安宁并不是一件简单的事。

爱比克泰德

假如一个人带着理性生活，就不会感觉到世界的绝望；他们不知道良心的痛苦是何物，不担心孤单，对熙熙攘攘的社会没有要求；这样的人活得很高贵，他们对任何人都坦坦荡荡，也不尾随在谁的后面。他们不烦恼自己的灵魂还要披着肉体这件外衣多久；就算此刻死亡降临到他们头上，他们也依然和往常一样。让他们觉得困扰的只是自己能不能和他人和睦相处，能不能过着理性生活之类的问题。

马可·奥勒留

当我们对自己在世界和宇宙中所处的位置没有疑问时，我们就可以确定自己现在的心灵是什么状态；心灵的状态一旦确定，心灵的焦灼也就烟消云散了；当心灵不再焦灼了，彻底的平安就会来临；心灵的平安降临到我们身上，我们才能去完成思想的活动，这样才有能力去接受真理。

孔子

人真正的力量存在于坚不可摧的平安中，而不是在激情中。

一直平平安安是难以实现的，也没有这个必要，可是当平安降临时，我们必须尊重它，并尽可能让它延续下去，这样才会出现引导生活的美好思想。

傲慢的开端是私心

十月二十二日

傲慢的开端是私心，私心通过傲慢表现出来。

一直抓着私心不放，一直让自己凌驾于他人之上——这种人是彻彻底底的盲目之人，而且这种人是最有悖于真理和正义的。

帕斯卡

人分为两类：一类是为人正直却觉得自己是戴罪之身的人；一类是明明自身有罪过却自以为自己很正直的人。

帕斯卡

和别人对比之下的伟大，也就是自我显现出来的伟大，并不取决于自己。可是自己对自己的评价可以取决于任何人，一个成熟的人会公正地对待自己的评价。

物体的体积越大，其中的味道就会慢慢散发开去；人的自夸也是如此。

很多人身上都有这样的缺陷：也就是自己原本还需要做很久

的学生，可是却急着想给他人做老师。

东方智慧

劣质的车轮总是发出刺耳的响声；已经坏掉的穗子才会高昂向天空。

人要想做到彼此谦卑是不容易的。即便我们没办法做到彼此谦卑，最起码也应该对自己的傲慢恨之入骨，并尽可能把这个恐怖的"恶"消除掉。

自我完成是人生最关键的事情，可是如果一个人一直在他人面前自吹自擂，并觉得别人都在自己之下，那么他又要如何做到自我完成呢？

良知

在我们内心深处存在的灵性根源之自觉就是良心。

我所听过的最假圣贤的声音就是,"良心?那是专门骗小孩子
的,是教育的歧途!"他们还说,"人的脑子里只有经验得来的
东西。"

此外,对于普遍存在的全民和谐,他们也不愿意承认,对于
大家所一致认可的善恶,他们也持反对意见。他们还找出只有他
们自己才明白的例子:他们翻开旅行家的手记,借以证明黑人国
家的邪道是和人的本性相违背的,他们还找出其他例子来证明所
谓人的本性其实毫无价值。他们说:"一个人尽心竭力为社会的幸
福所作出的行为,事实上也只是为了他们自己的利益。"可是为什
么有一些人明知对自己毫无益处却甘愿为社会的幸福付出呢?假
如只考虑到自身的利益,为什么有人甚至甘愿付出自己的生命呢?

没错,我们可以说所有人的行为都是为了自己的幸福,可是
这个幸福是指道德上的、精神上的幸福。只有邪恶的人所采取的
行动是为了自己的利益。觉得对所有道德行为都只能通过卑劣的
企图来进行说明的哲学也太恐怖了。

良心!的确,只有良心才能公正地评判善与恶,只有良心让

人离神更近，只有良心才会让人拥有最高本性。人之所以比动物高一等，就是因为人拥有良心，假如没有良心，判断就没有了引导；没有了理性的根基，人所拥有的只是在不间断的错误之间徘徊。

卢梭

始终坚持不做有违良心的事，不说有违真理的话，这样你人生的所有问题都可以迎刃而解。

你的意志不能受到任何人的暴力压制，也不能被任何强盗或匪徒偷走。不要渴望拥有理性范围以外的事或个人的幸福，对所有人的幸福进行祈祷吧！

人生的使命并不在于包庇大部分人，而在于过和自己内心所发现的原则相一致的生活。

马可·奥勒留

外面的嘈杂声只会让你误入歧途，只是来自内心深处的良心的声音才值得我们信赖，指引我们前进。

露西·马洛丽

每个人都有可能犯罪，可是犯罪以后，受到良心何种程度的责难却有所不同。

维托里奥·阿尔费耶里

良心的命令即神的命令，我们是没办法不遵从的，它给我们下达指令以后，我们必须马上遵从。

团结

十月二十四日

　　如果我们人类的生活来自不同根源，那么我们就无法对我们
所感受到的对他人的怜悯进行解释了。

　　假如你能想到"事实上对方也是个令人同情的人"，那么即便
你的怒火是理所应当的，你也会马上平静下来！这是最好的一种
息怒方式，因为用同情熄灭怒火就相当于用雨把火浇灭一样。如
果有人很生他人的气，想让对方吃点苦头，那么他可以在头脑中
想象：我已经实施过我的报复行为了，如今对方正在忍受身心的
双重痛苦，或者正在贫困中煎熬，这时他就可以说："这全都是因
为我！"先不讨论其他方法，最起码这是让人马上不再生气的一个
方法。

叔本华

　　假如我们将离我们很远的、和自己的本性不一致的东西奉为
自己的行为法则，那我们就大错特错了。人所遵循的正道，所遵
从的行为法则都不在远离人的地方。木工削斧头把子时会借鉴他
已有的样式，他把现在这个斧头把子拿在手里，从不同角度进行
仔细观察，而当他把新把子削好以后，为了对二者的相似度进行

对比，还要将二者放在一起观察。同样地，圣贤是通过观察"待人是不是和待己一样"来找到行为准则的，他们的准则就是"己所不欲，勿施于人"。

当你对别人横加指责、排斥他人时，你肯定忘了"四海之内皆兄弟"这件事；你把别人都当作自己的敌人，这种行为终会害了你自己，因为神原想让你做一个善良的人，可是你宁愿让自己做一头凶残的野兽——这时你就不再拥有自己最尊贵的本性。当你钱包掉了以后，你会第一时间发现，可是当你把自己的尊严、善良和温和都弄丢了以后，你为什么没有发现自己损失了什么呢？

爱比克泰德

你根本不是最不幸的人。

这种想法尽管不足以在其屋顶下安居乐业，可是用来躲避暴风雨是绰绰有余了。

利希滕贝格

你总是哀叹自己的不幸，可是你只要想到别人和你一样正备受煎熬，你就不会觉得自己的苦恼难以忍受了。

梭伦

只有身临其境去感受别人的痛苦，我们才称得上和别人共同经历困苦。

对自己和他人的价值进行了解

十月二十五日

人对自己的价值和尊严进行了解，都源自对自己使命的了解，而要想了解到自己的使命，必须具备宗教意识才有可能。

帝王问圣人："你想过我的事吗？"圣人答道："我只在忘记神的时候想过。"

萨迪

我们了解神的时候，也就是我们发现邻人的生活和我们的生活一样的时候。

约瑟夫·马志尼

终有一天，人会意识到自己的真正价值。我们是合法诞生在这个世界上的，我们为什么要东躲西藏、小心翼翼地四处张望呢？不，不，根本不需要这样做。让我们昂首挺胸吧，我们生来是为了踏踏实实过好这一生的，而不是生来被别人笑话的。不管站在哪个岔路口，我们都知道自己必须履行说实话的义务；我们应该在意的是自己的使命，而不是其他人对我们的看法。

爱默生

最能体现一个人特性的，就是一个人对待愚昧者的态度。

卢梭

如果我们以某人是愚夫、恶棍或不义之徒作为理由而不尊重他，最后我们自己也会陷进不尊敬所有人的傲慢的境地，而且会一直不停地往下陷。

爱默生

人最终该知道自己的价值。难不成他是某种非法生物？他是否应该隐藏起来，然后畏怯地左顾右看。不，就让我的头颅牢牢地直立在我的肩上。赋予我的生命不是为了给他人看，而是为了我自己可以生活。我意识到自己应该说实话，应该在任何地方都说真正的实话。

我应该关心自己真正的使命，而不是去在乎别人对我的看法。

爱默生

人只有先对自己的精神层面有所了解，才有可能对自己和别人的价值和尊严有所了解；不管到了什么时候，只有这样的人才不会让自己和邻人都处于卑微的境地。

事业

十月二十六日

对注重道德生活和精神生活的人来说，事物重要性的衡量标准不是它们的物质价值，而是它们的善与美的程度。

大多数人都想做一些不同寻常和有一定难度的事情，以便改善他们的生活，但是他们如果能够净化自己的愿望，改进自己的心灵，就能更顺利地达到这个目的。排在第二位的东西通常比排在第一位的东西重要得多。

费奈隆

不愿去完成本该完成的事情，只是因为他认为这件事微不足道。其实他这是在欺骗自己，他不做并非因为这件事微不足道，而是因为这件事他难以胜任。

佩西

你可以不将工作做完，但是你不应该逃避工作。
托付给你工作是因为你值得信赖。

《塔木德》

人不遵命非圣贤。

一个人不是通过思想而是用行动了解自己的，只有通过努力，才能懂得自己的价值。

歌德

我把我自己从肉体变成精神——意味着我只渴望精神。我的身体可能在渴望我的肉体，但是灵魂却不想与肉体有任何瓜葛，可是我来自人间，我无法摆脱这一点。尽管人间不停地引诱我的身体，我努力地使其分开，我前进，我行走，我跳跃，因为这是我的肉体生活，灵魂和肉体也是一样的。我的肉体在引诱我的精神，但是我竭力使我的精神和肉体分开。尽管我利用的是我的身体，但是我却过着精神上的生活，也就是我真正的生活。

任何东西也不会危害道德修炼，就像不会轻视世俗社会所认为得到那些不重要的事情。

理性相背离真正的宗教不能和

十月二十七日

尽管真正的宗教不是理性的宗教，却不能和理性相背离。

我们必须对自己的理性百分百信任——这是很明显而且毫无疑问的事。所有信仰的基础都是信任理性，如果我们不具备认识神的能力，那么我们也就没办法认识神。接受启迪唯一要拥有的能力就是理性，只有通过理性，我们才能接受启迪，也才能通过这个能力进行公正而周密的裁决；也只有借助这个能力，我们才能看出有些教义有悖于我们所坚信的重要原则，我们就必须阻止自己相信它。假如我们相信某些书籍代表了神的意志，还不如相信我们的理性和神是直接相连的。

伊凡·蒲宁

我们不能因为我们所信仰的神高于理性，也不能因为通过理性无法窥出神的全貌，我们就断定理性无益而轻视它。

虽然信仰的对象存在于我们的理性以外，而且比理性要高一层，可是对于我们来说，理性依然不可或缺。在理性和信仰对象的关系上，理性的意义至关重要。理性是一个检阅官，在信仰的范畴，它只允许存在它范畴以外的东西也就是属于形而上学的真理，要不然所有和它相违背的都是不确定的真理。

此外理性也有悲观的意义，也就是让人摆脱罪恶或不真实的信仰。

尼古拉·斯特拉霍夫

假如有人笃定过去某一个时刻存在一种高于人的东西，向人类说过全世界以及全人类的存在和意义，那么他无疑是个单纯的人。除了圣贤的思想以外，这个世界上并不存在其他任何"启迪"——尽管很多人盲目遵从那些思想，而且通常用"不教"的名义让它变成神话或恐怖的比喻。有人觉得相信自己的思想和别人的思想其实没有区别，因为作为"启迪"进入到我们脑海中的思想也只是人的思想。很多人宁愿相信别人的思想（特别是被认为好像拥有高于普通思想的人），也不愿意相信自己的思想。假如认为人类在智力上面有差距，也许还会有人觉得对乙来说，甲的思想就是一种超乎自然的启迪了。

叔本华

即便盲人看不见，光一直都是光。

你们眼下应该做的就是，趁有光的时候相信光，让自己变成光明之子。

《约翰福音》12：36

不管假宗教家如何花言巧语，为了认识真正的宗教，我们都应该用理性来应对这一切，不能让理性没有呼吸的空间。

苦难

十月二十八日

我们要想保全肉体，似乎就少不了病痛；同样地，要想保全精神，就少不了苦恼。

如果没有了空气的压力，我们的肉体就会受伤；同样地，人的生活如果没有了贫苦、贫乏或其他痛苦的压力，人的自负就会膨胀，尽管不至于到毁坏身体的地步，但起码会陷入迷乱、愚蠢的状态。

叔本华

医生给不同的病人开的处方也是不一样的，同样地，神也会给我们开处方，像错误、病痛以及让人痛心的损失。

医生给病人开处方是为了让病人的身体恢复健康，而神提供那些机会给人是为了让道德沦丧的人恢复健康，让彼此陌生的个人再次和人类的共同生活结合在一起。

就像病人接受医生开出的处方那样接受交给你的重任吧，那些苦药的价值就是想让你恢复健康。病人最关键的就是要回到肉体健康的状态，同样地，对于自然这个拥有广泛性和合理性的存在物来说，最关键的就是所有存在物都各自完成自己的任务。

所以，你要坦然接受所有发生在你身上的事，因为所有降临到你身上的机会都是为了建立一个积极而有意义的世界。自然本身所展现出来的是合理的意义，来自自然的所有事物都旨在让一切存在物都更好地融合在一起。

马可·奥勒留

烦恼可以把一个人唤醒，只有身处烦恼中，我们才能真切感受到自己的生命。

康德

假如我们能遇到给神传达信息的大师，我们都会愿意跟他走吧。

事实上，我们已经得到这样的大师了呀，他就是"欠缺"，还有就是人生中所有倒霉的机会。

帕斯卡

航海的个中滋味，我们只有在暴风雨中才有更深刻的体会；军人的英勇，只有在战场上才能感受到；一个人只有身陷囹圄时，才能意识到自己的勇气。

丹尼尔

备尝生活的种种失意之处，才是人的真正幸福。因为一个人即便被流放，以致怀疑所有俗世的快乐，这样的经历反倒更会引领他的心灵抵达神圣的孤独领域。而人的真正幸福还表现在，当一个人思想纯洁、行为合理，却依然被别人诟病，周围全是批评之声时。因为这会让他更知道谦逊，并化解虚荣，而更重要的原因是：当世人都小看我们，不尊敬我们，爱也远离我们时，我们才能真正和我们心中的神交流。

不管我们遇到多么倒霉的事，他人给自己的抚慰毕竟不是无止境的，我们可以百分百信任的只有自己心中的神。

托马斯·肯皮斯

在倒霉、烦恼和疾患中，道德和心灵的力量才会慢慢加强，并日益完善。所以，我们不用害怕我们所经历的所有考验，我们一定要忍耐，正是在所有考验的帮助下，我们才离神越来越近。

人生的试金石是不幸。

不管是否"幸运"，只要我们把它当作一种考验，于我们而言就是有用的。

不要对昌盛习以为常，那是不会长久的；富足之人必须知道什么是失去，幸福的人必须知道什么是苦难。

席勒

有些人让自己的生活远离世界的生活，看不到正是因为自己，世界正在蒙受苦难，只觉得自己是无罪的人，他们甚至因为自己要承担世界的罪过的痛苦而心有不甘——这样的人的确是够烦人的。

听说，"永恒的犹太人"会受一种叫作永远活着的生活的刑罚，我们也可以说，人要受一种叫作没有烦恼的生活的刑罚。

浇灭邪恶的唆使

对于已经取代之前的失误而且已经抵达人们的意识中的真理来说，尽管之前的失误再明显不过，肯定要由它来代替，可是因为人的懒惰，在相当长一段时间内，错误依然会主导人们。在这个过程中，对真理进行说明是没有意义的，关键是过不违背真理的生活。

我经常对此表示惊讶，王侯显贵为什么对自己所拥有的那么容易就相信了，而民众又对自己的不值得肯定那么容易相信。

蒙田

最具有传染性的应该就是"实例"了，原本是一件压根不可能完成的事，实例会强迫我们去做。所以和邪恶的、放荡的、无情的人相交，我们的灵魂也会因此万劫不复。

对于那些懒于自我反思的人来说，他们往往会听信那些取代自己思考的恶劣分子所宣扬的东西。相较把自己的身体献给他人，把自己的心供奉给他人更加卑劣。

当你想效仿身边人的行为时，你最好仔细思考一下：以世上的实例为范本到底对不对？不管是个人还是社会，之所以会蒙受不幸或遭受严重罪恶，都是因为冲动地听任外在的唆使而造成的。

担心不必担心的事，对真正恐怖的事反倒泰然自若的人，相信的观点都是虚伪的，他们正走在毁灭、罪恶的道路上。

佛教智慧

身为社会的一分子，我们要履行的最艰难的职责是：对社会的福祉大加利用却不受它的操控；接受别人的观念或信仰却随时准备让自己神圣的判断派上用场；和别人共同行动却只以自己的良心为指导；尊重别人的意见却不放弃自己的原则。

伊凡·蒲宁

只有依靠不断注入善，邪恶的唆使才能被浇灭，而善良的生活原本就是最有效的注入善的办法。

论私心

十月三十日

自私如果超出了相应的限度就变成了精神病，程度最深的可以被叫作夸大妄想狂。

通常人会觉得否定自己（豁出自己）会把自由毁坏掉，他们并不知道我们要想从我执——也就是欲念的奴隶状态中脱离出来，必须否定自我，才能让我们获得真正的自由。我们的情念是个最残忍的暴君，当你在他面前退步以后，他会把你畅快呼吸的力量都剥夺掉，让你身陷悲戚的奴隶状态。实际上，我们要想摆脱这种状态，只能进行自我否定。

费内龙

私心会把灵魂牢牢禁锢住，会让我们和幸福绝缘，就和监狱会把我们生理上的自由剥夺掉一样。

露西·马洛丽

付出得多，得到得少的人应该是善良的，付出得少而得到得多的人应该是恶人。可是现代人却对此嗤之以鼻。他们觉得在物质上节约是根本不需要的，他们对劳动者的境遇深表同情，对劳动者的收益问题进行探讨，还为此写书的同时，又对劳动者的劳动进行无限利用而让劳动者走向毁灭。

只有在对自己的肉体生活进行保全时，私心才能派上用场，所以在这个范围内，私心还称得上自然而且合理。打破自我的界限原本是理性的职责，假如理性无法做到这一点，私心就会变成真正让人难过又危害无穷的东西。

对自己进行彻底否定的人过着神的生活，而私心甚重、无坚不摧的人则过着比动物还低等的生活。我们的正确生活应该是从动物生活慢慢向神的生活靠近。

无私、公平和正义一样非常罕见，希望对真理进行了解的人委实少得可怜，一般人都害怕真理，源于他们觉得真理不会让他们得到什么俗世的利益，因为只有利益才组成了处世哲学的根基。他们觉得尽管真理存在是因为他们，可是他们的存在却不是因为真理。这种想法太卑劣了。大多数人都否认真理，于是"一切从利己主义产生的邪念"便得到私心的偏见的维护。所有人都希望尽可能享乐。人类必须付出高昂的代价，才能让正义、道德、宗教发展下去。对于伟大的精神来说，自我牺牲是一种快乐，可是我们的社会却并不承认这些。

卢梭

爱才能战胜利己主义，而且必须不怕苦、不怕累才行。

不可能存在什么所谓享乐派的、自我满足派的艺术家或思想家；只有自我牺牲，抑或叫作舍己为人才能履行好自己的职责；

不经历痛苦，也就不可能享受精神上的果实。

可是假如要告诉人"幸福在于舍己为人"，而且想让这个说法掷地有声，则自己首先要是个可以把自己奉献出去的人。

基督并不是白白在十字架上死去的，苦难的牺牲打败一切是有原因的。

不管怎样，走出私心是至关重要的，可是这做起来却非常不容易，因为从生活的角度来说，私心是难以规避的一种状态，也就是说，所有人在幼年时期就已经具备了，是天生就有的，可是随着理性的发展，那应该是慢慢衰减甚至消失的，也就是说，儿童并不知道叩问良心，可是随着理性的发展，私心便慢慢消失了，快要死的时候就应该彻底没有了。

不要尊重落伍的思想

十月三十一日

在广泛传播真理时，遇到的最大障碍就是对古老的、长久累积下来的传统固执的坚守。

有人说，上帝根据自己的形象造出了人类，这其实是说人类模仿自己的形象创造了上帝。

利希滕贝格

我们极易相信别人的偏向，不仅有善的，也有恶的。尽管这种偏向会带动社会向前，可是也会让进步变得步履维艰。因为这种偏向，每个时代都会轻松接受前人辛苦打拼得来的知识，就像继承遗产一样轻松。可是也因为这种偏向，当代人会自然地成为前人的种种谬误和虚妄的追随者。

亨利·乔治

人类正在对自己生命的意义做出越来越正确的理解。这个过程虽然缓慢，但却在不停地前进。因此人们知道自己的生活和整个人类的生活都是在不断变化地。人们对于真理越发得敏感，懂得按照他们所见的上层社会那样来安排自己的生活，人们不再关心并且开始摆脱以前所坚持的生活方式。

因为世界上在人们的周围总是存在最新的真理，人们追求新的真理，努力摆脱过去，追求新生活。

把假信仰告诉给儿童无疑是信仰中最残忍的欺骗。当儿童求教于比自己先来到这个世上的长者，对接受了古代圣贤教诲的长者提出自己在生活中的疑虑时，长者在回答他们时，并不说出他们自己的想法，而是照搬数千年以前人们的想法，而如今这样的想法已经无人相信，也不能再相信。这难道不是最残忍的欺骗吗？

因为对传统过于尊重，也就是因为对现在已经没有价值的各种制度、习俗或法律的尊重所带来的害处，相较对传统不予以尊重所带来的伤害，前者要严重得多。

十一月

生命的善行

——托尔斯泰陪你走过春夏秋冬——

谦卑

十一月一日

　　假如一个人觉得自己主导生活，他理所当然要享受所有的好运，那么他绝对不是一个谦虚的人；假如一个人能接受内心里神的引导，觉得自己的使命就是奉献，完成自己的任务，那么他肯定是个谦虚的人。

　　使徒们对主请求：请加深我们的信仰吧。

　　主说：你们当中某个人，拥有耕犁或放牧的奴隶，当他从田间回来时，主人会对他说，快上桌吃饭吗？

　　相反，主人会对他说：给我准备晚饭，在我吃喝的时候，在我身旁伺候我。然后自顾自地吃喝。

　　他会感谢这位仆人履行了命令吗？我不这么认为。

　　因此，当你们完成所做的一切事时，会说：我们是无价值的奴隶，因为我们做了我们必须做的事。

《路加福音》17：5～102

　　从真正善良的人热心事物的状态中，我们可以看到他们的谦虚，他们只注重付出，不注重回报。

中国谚语

踮着脚站的人只能站一会儿，迈大步往前走的人也只能走一小段路，自我表现的人反倒不会很突出，自以为是的人反倒不会太显眼，自我夸耀的人反倒没什么功劳，夸夸其谈的人反倒容易毁灭。理性会觉得这些人只是一些残羹冷炙，只会让人讨厌。所以拥有理性的人是不会太依赖自己的。

（这段话的原文：企者不立，跨者不行。自见者不明，自是者不彰，自伐者无功，自夸者不长。其于道也，曰：余食赘行。物或恶之，故有道者不处。）

老子

一个人越是抵达自己内心深处，却觉得自己不值一提，他就越会拔高自己，和神越来越近。

婆罗门教金言

真正拥有信仰的人觉得成长的过程是漫无边际的，每达到一个新层次，他又想要达到一个更高的层次，层次会越来越高。他们总认为自己还在往完美的境地上前进，他们不会回头看走过的路，只会一直朝前看。

人活着时，身体是柔软的，死了就变得僵硬了。

同样地，万物之中的草木在活着时也是纤弱的，死后就变得僵硬了。由此可以看出，凡是僵硬的都是死亡了的，而活着的才是柔软的。所以军队力量强大反倒不能取得战争的胜利，树木长高长壮了反倒会被砍掉。由此可见，处于高位的反倒是羸弱的，处于低位的反倒是强壮的。

（这段话的原文：人之生也柔弱，其死也坚强。万物草木之生也柔脆，其死也枯槁。故坚强者死之徒，柔弱者生之徒。是以兵强则不胜，木强则兵。强大处下，柔弱处上。)

老子

治学就是要每天都让知与欲增加，让自我慢慢膨胀；修道则是让知和欲每天都减少，变得越来越谦虚。减少再减少，最后抵达无为的境界。可是无为反倒可以为所欲为。

(这段话的原文：为学日益，为道日损。损之又损，以至于无为。无为而无不为。)

老子

请牢记：对于任何东西，你都没有权利，你是属于带给你生命的那个根源的，所以你只能服从原理，履行你的职责。

诱惑

十一月二日

行为的目的如果只是世俗的名誉，不管最后是什么结果，往往都属于恶的范畴。想要同时得到善和世俗的名誉的行为和上面的行为是没有多大区别的。而所谓善的行为的主要目的则必须是践行神的旨意。

从自己的意愿出发付出行动的好像是"自由的存在物"，事实上这种人是将自己奉献给了恶魔。在道德的世界，土地都是有主人的，界限模糊的土地则是归恶魔所有的。

卢梭

当你知道平常人的评判和兴趣来源于何种源泉，你就对别人的赞扬不寄予任何奢望了。

马可·奥勒留

假如你过分在乎世人的夸赞，那么无论什么事情，你都会犹豫不决。世人的评判种类无穷尽，你也许会说："我渴望善良的人的夸奖。"可是你所说的善良的人不就是对你的行为表示认可而且夸赞你的人吗？

对于自己真正的内在生活，我们都没有给予满足。我们被他人的观点所影响，而想过另外一种想象中的生活。为此，我们还尽可能把自己的现实状态隐藏起来，我们煞费苦心地对想象中的"存在"进行美化，而对现实的"存在"表示轻蔑。如果自己拥有信仰、大度与平安，便急着想让所有人都知道，并将它们划归到想象中的"存在"的范畴。

为了让想象中的"存在"拥有这些德行，我们甚至让真正的自我失去了这些德行。看上去我们只是想得到勇敢这个称号的胆小鬼。

帕斯卡

你只能把别人的夸赞当作你行为的结果，而不能变成你的目的。

只要你自己清楚你活着是为了"神"或"道"，即便别人不知道，你依然是幸福的。尝试着这样做吧，当你真正践行时，你会感受到莫大的快乐的。

人为的法则

十一月三日

神的法则是唯一的永恒的法则。人所制定的法则要想一直运行下去，就不能和神的法则相冲突，想要通过暴力来维持它是不可能的。

耶稣说："我的教训来自派遣我来的人，而不是来自我本人。人如果发誓遵照他的意愿，就一定知道这个教训来自神，抑或是从自己本身出发得来的。"

《约翰福音》7：16～17

对义务进行小声呓语的人，只有可能是神。

那个声音和你想象中的声音是一样的吗？抑或是你自言自语时来自你的意志的指令？

抑或那只是反映了大部分的想法？是顺应了舆论的要求吗？

一定不是这样的。如果那个法则是我们自己想出来的，我们就可以随心所欲地去毁坏它，进而丢弃它。可是我们却明显感觉到这个法则的力量远远超出我们的力量范围，我们必须重视它。

我们也不能将它视为舆论的影响，因为在这个声音的作用下，我们往往凌驾于舆论之上，而我们和不义群众相对抗的力量也来源于此，也成了我们为了善，可以矢志不渝地奋斗下去的力量源泉。相较相信我的眼睛或舆论是太阳光的来源，相信善的意识并不是神的意识要难得多。

就像肉体以外的东西是触觉告诉我们的，个人情感以外的东西是良心告诉我们的一样，正义、善或真理都不是来源于我们个体，而是来自神。

马蒂诺

为了把神的法则落到实处，如今所面临的最大难题就是人类已有法则和它之间的冲突。

人所制定的法则要想成为善的、有意义的，只局限于一个范围，那就是可以运用神的法则，使之发扬光大并且和它保持一致。如果人制定的法则和神的法则不一致，那么它就不是善的。如果遇到了这种情况，我们不仅有权利清除它，而且必须履行清除它的职责。

约瑟夫·马志尼

不管是谁，假如想要对人生最关键的问题加以研究，在对问题进行决定之前，几个世纪以来经过人力所积累的知识要率先被清除掉。

有关统治权的建立，从根本上来说就是为了对下面这个事实进行证明：人在社会生活中，因为内在力量的缺失，就必须依靠外在的权力。人如果和内在最稳固的指导者缺乏交流，就一定会向外在的法则寻求依靠，可是外在的法则通常是漏洞百出的。如果每个人都和邻人之间亲密结合在一起，外在的法则就无法延伸。

可是只要这种结合的意识不太稳固，人为的手段就要派上用场了，也就是说一种统治形式就会应运而生，这种统治形式并不虚心听取民众的合理意见，而只是彰显出统治阶级外在的强制权。

卡本特

　　神的法则和人为的法则从来都不是一致的。那么应该怎样才合理呢？把神的法则隐匿起来，大声颂扬人为的法则吗？一千九百年以来一直都是这样的。虽然这样，神的法则却日益清晰，人内在的冲突却在加剧，越发陷入痛苦中。最后就只剩下一件事：就是摒弃人为的法则，用神的法则取而代之。

争论

十一月四日

争论往往会让真理陷入越发模糊不清的境地。

真理的成长必须和孤独形影不离，当真理脱离了雏形，自身开始越来越清晰时，不需要争论，它也会得到认可。

知道自己没错而且能默默地坚持到底的人，他拥有多么强大的力量啊。

马克·波西·卡托

避免与人争论！——尽管这做起来很难。意见就如同钉子，越使劲地钉，就会越来越难以自拔。

韦纳尔

还有待证明的事不要急着下结论。不要轻信别人捕风捉影的话。不要因为某个人身上有什么不足之处就瞧不起他。

圣贤思想

假如有人伤害了你或让你难过了，先不要急着去申辩什么，假如一定要申辩，也必须先让自己冷静下来。

假如没办法马上平息怒火，那么就先把嘴巴紧紧闭上。只要你先不说话，很快就可以风平浪静的。

列夫·巴克斯特

心灵这把锁，要由言语这把钥匙打开。没有意义的谈话说一句都多，一个人待着的时候反思自己的罪行，和他人相处的时候则把别人的罪行遗忘掉。

中国俗谚

假如某人得了痼疾，你还能对他发火吗？而当你厌烦某人的处境时，你能把罪过归咎于他本身吗？对于道德上的疾病，我们所要采取的态度是一样的。

你可以用理性带领邻人认识到他们自身的不足，并进一步去提醒人的良心，用理性代替生气、骄傲、焦躁，来把人的冲动治好。

马可·奥勒留

一个人越想多说话，就越有可能说一些伤人的话。

思想的力量

思想意在把真理认清，所以恶的思想就是还不成熟的思想。

稳定时事情坚守起来比较容易，还没有萌芽的事情更容易谋划，不堪一击的东西损坏起来比较容易，微小的东西散失起来很简单。

事情还未见雏形时就要小心解决掉，还没有乱世之前要先把秩序建立起来。

合抱的大树起初也是小苗，九层高台起初也是一堆堆泥土，千里路来源于千百步的积累。……假如在事情快要完成时，也像刚开始一样如履薄冰，就不会出现失败的情况。

（这句话的原文：其安易持，其未兆易谋，其脆易泮，其微易散。为之于未有，治之于未乱。合抱之木，生于毫末；九层之台，起于累土；千里之行，始于足下。……慎终如始，则无败事。）

老子

我很早就必须时刻警醒自己："我马上就有可能和骄傲的、邪恶的、卑鄙的、厌烦的、脾气暴躁的人发生冲突。因为只要是无法分清善恶的人都会犯下这种罪过的。"可是如果我真的知道善恶之所在，而且知道只有我自己的恶行才和我有关，那么我就不会被任何诽谤所伤了，因为我的意志不会因为任何人而发生动摇，我也不会在别人的驱使下去作恶。再加上如果我知道所有人都是我的邻人，他们和我密切相关是通过精神关系（精神是指拜神所赐，形成于我们各自内心的凌驾于肉体之上的那个本质），而不是通过血肉关系，我就无法对任何邻人生出恨意或表现得不平易近人。因为我们天生就是要互相结合在一起的，一定要像亲兄弟一样因为一个共同的目标而紧密团结在一起。所以，假如把曾经让我们受伤的邻人抛弃了，事实上和我们的本性是相违背的。把遭受了他人的诽谤当作缘由而对他人生出恨意，事实上也是犯了和自己本性相违背的罪。

马可·奥勒留

你在追求永恒的真理吗？如果你想实现这个目标，就必须拥有自己的思想。让你的灵魂之眼和你从情念得到自由的仅有的纯净之光相对应。

婆罗门教箴言

只有把烛台放在不能被风吹到的地方，烛火才能安静地燃烧；烛火被风吹拂，火苗就会摇曳不定，而洒下奇怪的黑影。同样地，在灵魂纯净的表面上，恶念也会洒下这种黑影。

婆罗门教箴言

被困囿在世事中的人、身边充满了各种诱惑的人是没空去寻找方法和欲望相抵抗的。

首先我们必须单独在远离诱惑的地方制定好原则，把自己的目标定下来。如果可以做到这一点，以后面临诱惑时，我们就有了与之相抵抗的力量。

　　要想永生就必须经过缜密思考，鲁莽无异于自寻死路；缜密思考的人是不可能走向灭亡的，鲁莽者则相当于走向死亡。

　　把自己唤醒吧！当你可以认真审视自己，能看透自己的最内在时，你就可以从沉睡中苏醒，从而得到新生。

　　我们的脑海中一旦出现恶念就很难摆脱掉，可是我们却可以认识到那是一种恶念，也可以减弱它的力量或把它清除掉。如果当我们意识到邻人的不足之处时，这个念头就会盘踞在我们的脑海中，可是只要我们认识到这是一种恶念，我们的心中就会升腾起另外一种想法：批评人是不好的，我自己也是有缺点的人，别人和我的根源是一样的，我必须得爱邻人。如此一来，恶念就可以因此被清除掉。

不要去谴责别人

十一月六日

不管在什么情况下，都不要去谴责别人，这不仅没有必要，而且是一件很傻的事，对己对人都有害无益。

在晚宴接近尾声时，有个客人先行离开，他刚离开，其他的人就开始数落他的不是，讲了他很多不足之处。接下来要走的人也遭遇了同样的情形。就这样，客人慢慢都走完了，最后只剩下一个人，于是这个人说道："很抱歉，我是不是可以在这里留宿一晚？刚才我听到了太多对离开的人的批评，我不由得也担心自己也会受到同样的批评。"

俗话常说："讲死者的好话吧，要不然就什么也别说。"我觉得这句话应该反着说："不要批评活着的人，因为那会让他们陷入痛苦中，会让活人和死人的关系不再融洽。对于死去的人，一般人都会习惯讲一些得体的矫情的话，事实上对于他们来说，讲实话也无所谓了。"

严于律己，宽以待人，这样所有人都会变成你的朋友。

中国智慧

人只有战胜自己后才能停止指责别人。

我曾经看到过老人在连续说话时，中间会有意停顿两三分钟，这是因为他们害怕讲错话。

我们所有人都是有不足之处的，所以我们批评别人的事也经常会发生在我们自己身上。我们难道不应该相互体谅吗？

语言表现的是思想，而思想表现的是神的力量。所以语言和它所表现的东西一定不能相互冲突，即语言可以对神的力量进行展现，可是绝对不能也不应该表现出恶。

死是一种改变

十一月七日

生活是梦，死就是醒悟。

　　我没办法把以下这些想法从脑海中清除掉，也就是出生以前我是死的，而因为死亡，我又恢复到最初的状态。死也是活着，只不过带着以前自己活着的记忆——我们把它叫作假睡吧。而出生就是又带有分明的新器官苏醒过来。

利希滕贝格

　　如果我把动物杀害了，像鸟、狗、蜻蜓或即便只是小虫子，可是从严格意义上来说，因为我鲁莽或恶毒的举动，而让它们的存在（说得更仔细一点，就是让前一刻还活蹦乱跳的生命现象展现在我们眼前的那种原始力量）变为没有，不管怎么说这件事都是无法被原谅的。再换个角度来说，对于时时刻刻过着自己生活的不同种类的动物，我们不可能武断地说在诞生以前，它们就是绝不存在的无，因为诞生，它们才开始存在的。正是因为如此，我不能看到某些东西，有些东西出现在我不懂的地方——二者兼具的形式、本质和属性都是一样的，它们的存在只是通过形式的不断变化。有些东西消失了，有些东西被取代了——可是这只是很小的改变，是变革了存在形式。它们原本是同一物，尽管形体还在，可是梦依然在持续。

叔本华

即便我错误地意识到灵魂永存，我依然对这种错误甘之如饴，而且只要我活着，我这种信念就不会被任何人夺走。这种信念会带给我持久的和平和完全的满足。

西塞罗

我从来不认为来到这个世界上，在这个世界上生活是一件不幸的事情，因为我始终坚信自己生来就是有意义的。而当死亡降临时，我就会像从旅馆里走出来一样走出人生、丢弃生命，因为我们知道我们存在于这个世界上只是一种经历，是短暂的——任何人都不能逃脱这种命运。

西塞罗

在梦中，我们经常会过和现实很像的生活。帕斯卡好像说过："如果梦中的自己一直处于同一种状态下，而现实中的自己反倒处于不同状态下，那么我们难道要将梦当作现实，而把现实当作梦吗？"

我们肯定不能这样做。

现实与美梦有个截然不同的地方：在现实生活中，我们能够从道德要求出发，进而采取相应的行动，可是在梦中，我们则经常会出现不道德的越轨行为。如果对于比梦更确定的生活我们并不知情，那么我们真正的生活就只能是梦了。

可是从出生到死亡，我们所有的生活，包括梦在内，依然只是一场梦——这个梦是用现实生活来承载的。我们之所以对现实性深信不疑，只是因为除此之外还有更高一层的精神领域是我们所不知道的。

　　提出死后会怎样的问题时，肯定以为未来是还没有出现的东西。可是那样的未来事实上是虚无的，因为未来本应和时间相关联，可是因为死亡，我们就超越了时间的范畴。

从内心把神唤醒

十一月八日

　　神的法则和神的关系就类似于我们的感觉和世界、物质之间的关系。如果没有感觉，我们就不会了解世界和物质，同样地，如果我们心中没有法则，我们也不会了解神。

　　唯一一个认识神的方法就是履行自己的职责，抑或说遵照理性的法则来行动。我觉得所谓"神"，所谓"神存在"应该是指：坚守自己的自由意志，并感觉到一定要遵照真理的指示行动。通常情况下，我们是通过心来认识神的。虽然这一层认知让理性派上用场还是有可能的，可是相当有难度。只有理性而没有心，那么什么时候可以靠近神还是个未知数。应该是心对神有所认知以后，理性才开始追求神的脚步。

利希滕贝格

　　不管神的观念有多么伟大，也只是被我们不断净化，不断升华以后的心灵理念。我们心中才有认识神的基础。

伊凡·蒲宁

　　畏惧神当然很好，可是爱神却更好，但是从内心把神唤醒才是最好的。

神只有从自己心中才能找到。

对于主人生活的细枝末节，勤劳的劳动者并不知情，而懒散的劳动者为了拍主人的马屁，才会尽力去探究这些。人和神的关系也是这样，最关键的是把神看作主人，知道神对我提出了什么要求；而对于神是什么，神过的生活是什么样的，我是一无所知的，因为我不是神的朋友，不是主人，只是劳动者。

所有人都可以对神有所了解，这是人与生俱来的天性。而所有人都有义务去实现神的法则。

认清自己有多么重要

十一月九日

在道德生活中，所有事物重要与否取决于道德上的努力程度，而不是取决于物质上的价值和它所出现的后果。

对于自己应该做的事，却把事情太微不足道当作借口而不去做的人是自欺的。事实上他没有去做的原因并不是事情太微不足道，而恰恰是因为事情太伟大。

蒲赛

假如一个人觉得自己不是因为要履行某项义务才来到这个世界上的，他就不能称为一个有素养的人。

中国金言

人认识自己是通过实行，而不是通过思索。认真去做应该做的事，一个人才能对自己的真正价值有所了解。

歌德

即便事情没有很好地完成也没有关系，最重要的是不要虎头蛇尾。

将事情一直拜托给你的"那一位"——它是一直抱有这样的希望的。

《塔木德》

绝大多数人一想到要对自己的生活有所改变时，往往所希冀的就是去做一件不同于以往的难度很大的事，而忘了最应该做的是净化自己的欲望，是一直注重自己身边的平凡的义务。

费内隆

通常觉得一件很小的事，自己也一样不重视它——这会对道德的完成造成最大的伤害。

虚假
十一月十日

从教堂的第一批成员说："欺骗我们与圣灵"，也就是说，将外部权威提升到内部时，他们认定在大教堂里的悲惨人类论断比在一个人身上真正圣洁的东西更加重要和神圣。他的思想与良心从那一刻起始。安于现状的谎言和人类的身体与灵魂，摧毁了数百万人的本质，而这件可怕的事情仍在持续。

虽然听起来很奇怪，但毫无疑问，有些东西只有在那些被称为异端的教理中才能出现与运作，也就是说，基督教由此而变得清晰可见，得以实现。异端里包藏着谬见，但也可能包含着真正的基督教；由权力、暴力作为支持，被国家认可的教义不可能成为基督教，因为它们的暴力本质是反基督教的。……非但如此，爱的启发还被反基督暴力方法所取代，这些方法使人经受最大程度的痛苦，折磨与灼烧。所有这些都是与国家权力联结在一起的教会、宗派人士称之为世界末日的娼妓，他们不仅从来没有成为基督徒，而且一直是基督教最大的敌人，现在仍然是。他们不仅不在自身的罪行中悔过，还认为所做一切都是神圣的。尽管以更为温和的形式，但他们仍与真正的基督教对抗，是人们领会真理的主要障碍。

英国国教从一开始就是最卑鄙和最殷勤的被压迫的仆役，他们在世俗权力的帮助下，试图利用庄严来达到与欧洲天主教相同的地位。每当英国国教处于困难境况，它都会去寻求国家公权力的帮助。

伦卡

在1682年的英格兰，有一位受人尊敬的礼顿博士，他因写了一本反对主教的书，被审判并处以下惩罚，可以说是处以极刑。他被残酷地印刻，一只耳朵被切掉，鼻子的一侧被切断，脸颊上被热铁烫出五十五个字母：骚乱传播者。七天之后，他再次背印刻，尽管背部的伤疤尚未愈合，他又被撕裂了鼻子的另一侧，并切掉了另一只耳朵，还在另一个脸颊上烙上印记。所有这一切都是以基督教的名义完成的。

莫里森·戴维森

基督没有设立教会，没有创立任何国家，没有设置任何法律，没有建立政府，也没有对外主权，但他试图在人们的心中写下上帝的教义，以使其实现自我管理。

格柏·牛顿

在1415年，由于约翰·格斯对无神行为的揭露，他被认定是一个异教徒，被审判并被判处不见血的死刑，也就是火刑。

执行地点位于城门外、花园间、莱茵河旁。当格斯被带到执行地点时，他跪下并开始祈祷。当剑子手命令他进入火场时，格斯直起身来大声说：

耶稣基督！为了你的讲道，我忍受着这可怕、卑鄙的死亡，但我将平静而顺从地接受死亡！

刽子手脱掉格斯的衣服并将其双手绑到柱子上，格斯的双腿站在板凳上。在他周围铺设了木柴和稻草。篝火燃烧到格斯的下巴。议员冯·波彭海姆最后一次提出让格斯通过放弃异端来拯救他的生命。

　　"不，"格斯说，"我不认为自己有罪。"

　　然后刽子手点燃了火。

　　格斯唱起赞美诗："基督，永生神的儿子，怜悯我！"被风吹起的火焰升得很高，格斯很快就没了声音。

　　据说真正的信徒组成了教会。这些信徒是否是诚挚的，我们都无法知道。我们每个人自然希望并试图成为真正的信徒；但没有人可以对自己或那些像他一样相信他们是唯一真正的信徒的人讲。可以这么说的人，他们背弃了真正的基督教。

　　如果有一座教堂，那么在教堂里的人就无法看到它的外貌。

努力

十一月十一日

所谓人生之道就是往道德的理想化境界迈进。

有人说："我们天生就是放荡的、自私的、胸无大志的，我们只拥有这些东西。"

不，我们不可能就是这样。首先我们会从内心意识到自己应该履行的责任，而这种意识会赐予我们力量。

威廉·索尔杰

你们可以感觉到，你们所有人都是无拘无束的行动者。任何坚持消极哲学的诡辩学者却和人的良心与意识背道而驰，发出嘹亮的呼声，想要成立宿命论的教义，可是他们根本不可能抵制良心的指责和牺牲的快乐——对于证实人是无拘无束的行动者，这两者一直都是很好的证明。

从苏格拉底到基督，再到如今，若干个世纪间所有为真理献身的人，或所有为了信仰而付出生命的人都对这种奴隶式的教义表示坚决的反对，他们大声呼吁："我们依然爱着生命，爱使我们的生活美好的人，爱对和平充满希冀的人，我们活着的每一分每一秒都在高喊：'活下去！'可是为了履行我们的职责，为了救赎千秋万代，我们宁愿献出自己的生命。自从该隐以后，所有的叛徒、所有不走正道的伪善者难道没有听到指责声吗？那声音一直说：'为什么你们不选择真理之道？不正是因为你这么做，很多人的生活才一团糟，没有宁日吗？你们原本是无拘无束的行动者，可是因为恶行，你们已经不再拥有这种自由。'"

约瑟夫·马志尼

"我应该做点什么呢？"当你发出这样的疑问时，我会这样回答你：假如照你目前的情形，你是什么都做不了的。你现在应该做的就是尽力不被他人的自私或享乐思想所干扰，即便不杰出也要耿直，先从内对自己进行省察，搞明白自己的内心有没有留下宝贵的印迹。在这样做以前你是什么都做不了的。兄弟们！我们要尽力去找回自己的良心，真诚待人，摒弃享乐主义，用一颗火热的心取代冰冷的心！只有这样我们才能开始知道很多美好的事物并不是踽踽独行的，可以说处在一整个体系中。先迈出第一步，后面就会走得更踏实、更清楚，也更简单。

卡莱尔

有一个人为了把掉到海里的宝石捡回来，不停地用勺子去舀海水，海精忍不住出来问他："你准备舀到什么时候？"那个人说："直到我把宝石捡回来。"于是海精就直接把宝石还给了他。

尽管种种浮于表面的结果和我们的意志一点关系都没有，可是我们却不能停止努力，因为内心所结的好果子通常都来源于我们的努力。

土地

所有人类平等且应该一起拥有土地，土地不应该变成私人财物。

我来到了这个世界上，可是我应得的一分土地又位于世界何处呢？各位绅士，请把可以砍伐出木材的森林分给我吧，请把可以种出谷物的田园分给我吧，把可以建小屋的土地分给我吧！可是这些绅士会对我大声咆哮：你想要的森林、田地或土地，你可以用手去感受一下。可是来吧，你可以来给我干活，这样我们就会分一些粮食给你。

爱默生

在理性的感召下，土地是不能买卖的。为了让它的孩子们可以在土地上居住、生活，神才赐予他们土地。所以在他们耕耘土地时，他们便拥有了土地使用权。

因为土地属于我，在我面前，你们都只是客人，是暂时居住在这里的，所以地不能买卖。

《利未记》25：23

更准确地说，只有全能的神和在土地上劳作的人子才拥有土地。

卡莱尔

起于太初，止于所有法令成立以前，大地便是归所有人所有；也就是说，所有人都有资格使用其所在地——不管是自然因素或偶然机会让他立足的地。

康德

神可能只让某人享有东西，而把其他人排除在外吗？神可能把他其中的一个孩子置之度外吗？你们这些人竟然要求自己享有神所赐给的东西的特殊权利。假如神曾经写过只让其中一个兄弟传承产业的字据的话，就请大家都看看吧！

拉梅内

将土地看作私人财物是和自然背道而驰的一种罪恶，我们之所以对这种罪恶浑然不觉，就是因为在我们的世界里，这种罪恶拥有了权利的属性。

当我在森林中捡胡桃时，从树丛里跑出来一个看守者，他问我在做什么。我告诉他我在捡胡桃。

他大吃一惊，说道："你怎么能做这样的事呢？"

"为什么不行呢？"我说，"猴子、松鼠不都可以这样做吗？"

"听我说，"看守者说，"这片森林是有主人的，它属于公爵啊。"

"喔，是吗？"我说，"请你转告公爵，对于自然来说，公爵和我都是一样的人。先来的人就可以先捡，这是自然法则。如果公爵也想要胡桃，就请他抽空过来捡吧。"

斯宾塞

　　19 世纪中期的人开始发现奴隶制度有失公允，同样地，现代人也开始发现土地私有权有失公允。

人天生就有自我实现的夙愿，因为一个人只要是真诚的，他就不可能满足现状。

人必须让天赋向至善的方向发展，人的内在并没有被神赐予完全的善，只是保证了善。人都必须尽力去完善自己，提升自己，并不一定非要达到目的才行。

康德

佛陀说："恶的根源就是对真理一无所知。"

这个根上会长出错误连篇的树，并结出满腹愁怨的果子。

唯一一个对待无知的方法就是智慧。只有凭借自我实现，真正的智慧才能得以实现，更深入地说，只有大家都拥有更好的世界观，而且一言一行都和世界观保持一致，也就是每个人都不断对自我进行完善，才能实现社会的完善。

所以，假如所有人不先完善自我，而尝试着去对社会生活进行完善，那根本就是在做无用功，要想完善社会生活，最有效的办法就是先完善所有人。

冯·哈特曼

假如一个人只对自我进行完善，只希冀达到内在的丰盈和宗教上的服从（也就是道德上的理想境界），便几乎屏蔽了履行人生职责的风险。

卢梭

基督徒不能单纯只是学生，或者老师，他必须将两者结合起来，只有这样才能持续往前，才有继续发展的潜力。

朋友，我们所有人都应该谨记学海无涯啊！不要觉得自己年事已高，再学习就不合时宜了，不要觉得自己的力量已经达到了一个很高的境界，也不要觉得自己的个性和精神也达到了一个完美的境界。对于基督徒来说，是不存在毕业一说的，他必须一直学习下去。

果戈理

擅长思考的人应该都会体验巨大的伤痛，这种伤痛也许足以毁坏德行，可是只停留在表面生活的人是无法了解的。只要这些人脑子里从来没有过强迫人或欺负人的种种悲哀的想法，只要他们不希冀任何美好的事物，有些思想家便会愤愤不平于掌管世界秩序的神。可最关键的一点是，不管神让我们在世上的道路多么难走，我们依然要满足于神。这样一来，当我们陷入囹圄时，我们才会鼓足勇气继续往前，也会一直铭记也许变成万恶之因的我们自身所犯下的罪行，而让命运承担一切罪过。

康德

就像我们必须把恶习摒除掉一样，我们也要把私心去除掉——我们是可以做到这些的。夸耀自己、强迫别人爱自己，以及不断突破自我满足都是不可取的。假如你压根不想为别人付出什么，那就什么都不要做，可是你在做所有事情时都不能只从个人利益出发。

践行美德的第一法则就是自我实现，而不是得到他人的赞誉。

《诗经》

用善打败恶的人，就好像从云层中冲出来的月亮一样，让全世界都为之闪耀。

相较拥有大地上的一切，或抵达天堂，或成为全世界的统领，拥有逐步靠近神圣境界的快乐则要好得多。

《法句经》

还有一个人说："主！我要跟在你后面，可是在这以前，请先允许我先和家里人告别。"

耶稣说："手扶着犁却看向后面的人，是没有资格进神的国的。"

*《路加福音》*9：61 ~ 62

为了实现自我价值，把一生都奉献进去的人是只看向前面的，原地踏步的人才总是喜欢往后看。

要想实现美好生活，首先得满足一个条件，那就是不满足于自己的现状，只有这样不安于现状才会敦促自己去提升自己、打磨自己。

最重要的知识

十一月十四日

最重要的知识就是能指导人生，把人生点亮的知识。

认识人生的法则至关重要，而最重要的知识则是带领我们走向自我实现的知识。

斯宾塞

假如自满于拥有学问的宝藏，还不如谦逊于只拥有少数完备的思想。并不是说学问有什么害处，所有学问都是有好处的，可是相比知识，道德良心和道德生活要重要得多。

托马斯·肯普斯

学问的发展和道德的净化也许并不协调，如今知识的发展反倒让国民腐化了，因为我们弄混了假大空的知识和真正深刻的知识。假如从学问抽象的价值、灿烂的一面来看，它是非常令人敬仰的。可如今的学问，也就是只有愚夫才把它叫作学问的东西，则从根本上来说是可笑的，是受人轻视的。

卢梭

真正有资格叫作有学问的人，是拥有好行为的人。

假如思考的方向有误，意志也肯定是错误的，因为意志通常取决于思考的方向。以人生永恒的法则为基础的思考方向才是无误的。

塞内卡

我们要格外注意智者所说的话（即便他的言行不相符）。而即便教训被刻在墙壁上，我们也应该加以学习。

萨尔迪

这样的教师是值得我们希冀的：就是先让弟子拥有判断的能力，然后再传授知识，最后再传授学问。

这种方法提倡的益处就在于，即便弟子无法抵达最后阶段，即便不能做学者，而他却会因为这位老师的教导，而变成对现实人生（不是对学校）有经验且睿智的人。

如果没有遵循这个顺序，在弟子还没有拥有自己的判断能力之前便把知识传授给他，让他拥有了不少不属于他自身的学问（那只是被强行灌输的，并不是弟子成长过程中所得到的东西），那么他的精神能力不仅不会有所长进，反而会沉浸在博学的海洋中慢慢堕落。这就是为什么我们经常会遇到一些判断力不足的学者，或一些从学院毕业的人在解决人生问题时往往比社会其他阶层的人要僵化得多的原因所在。

康德

　　对于知识来说，最重要的是我们如何评价它，而不是它的量，我们必须分辨出哪些知识是重要的，哪些是次要的，哪些又是最不值一提的。

财富

十一月十五日

财富带给人的快乐具有欺骗性。

不要把财富累积在地上，地上有虫子咬，会锈坏，还会有盗贼来偷盗；我们应该把财富累积在天上，天上不会有虫子咬，也不会被锈坏，也不用担心有盗贼来偷盗。因为你的财物和你的心都在那里。

《马太福音》6：19～21

"你的财富和你的心都在那里。"

如果一个人是否"富有"只取决于财物，那么他的心肯定也会深陷于恐怖的泥潭中。

大家终其一生都想拥有的一切——财宝、寿命、权力，到底有什么意义？是不是会带给你一种随你浪费的满足感？

看到人家有华丽的大房子、广阔的土地、无以数计的衣服，自己就会竭尽所能去得到比别人更多的东西。不是特别富裕的人之所以犯罪，原因就是那些最富裕的人可以依此循环下去。如果富裕的人不大量累积财富，也不肆意挥霍财富，那些不太富裕的人和贫穷的人就不会因此想要富裕。

相比暴力，爱好财富所产生的结果其实更糟糕，会引发烦恼、妒忌、奸诈、杀害以及阻挠善行的实施，引发放荡、残酷、贪欲，而且让本来无拘无束的人变成受人奴役的人，甚至变成还不如奴隶的东西，也就是不是人的奴隶，而会被情欲和精神病所奴役。这样的人会做出很多违背神的事情，并使得别人也无法逃脱这种带来奴性的、唤出恶魔的、让人扼腕叹息的贪欲。

更糟糕的是：人尽管因此身陷囹圄，却依然紧紧抱着自己的枷锁；尽管被困于暗不见天日的牢狱中，却依然不愿前往明亮的地方，依然和恶密不可分，并对生病乐此不疲。我们因此所处的境地比煤矿工人还要恶劣，没办法变成无拘无束的人，忍受了不少的艰难和不幸，却依然是一场空。

而最糟糕的是：如果有人想把我们从这种不幸的奴役状态中解救出来，我们不仅不对他们感恩戴德，反倒气恼不已。到了这个地步，我们和疯子已经没什么区别，而且比任何人都要不幸，因为这时我们依然执拗于自己的疯狂中。你成为人难道就只是为了累积黄金吗？神用他自己的样子把你造出来并不是因为这个，而是为了让你来完成他的意志。

圣约翰·克里索斯托

相比富人，穷人要快乐得多。

为什么人那么需要富有呢？为什么人需要华贵的马、奢华的衣服、富丽的房间，还有可以自由出入公共娱乐场所的资格呢？这都是因为人不具备思考能力。假如人会自省、思考，他就会是最幸福的人。

爱默生

人花在挣钱方面的精力要远远大于花在头脑和心灵的滋养上面的精力，可是有益于我们幸福的却不是什么外在的物质，而只是来自人内心的东西。

叔本华

人们上千次地谋求累积自身财富，却不追求自己思想和心灵层面的东西；虽然对于幸福而言，人类的所拥有内在精神无疑比外在物质更重要。

叔本华

对于崇尚精神生活的人来说，他不仅不需要富裕，反倒觉得它是一种阻碍，因为富裕会给他真正的生活带来阻碍。

信仰会让人生拥有力量。

不管在哪个世纪，基督都是首屈一指的人物。他描述的是对神和人的爱——也就是真正意义上的拥有广泛意义的宗教。但我相信在神的许可范围内，未来肯定会出现更杰出的人物，我这样说并不是要指出基督杰出人格的不足之处，而只是为了证实神是无所不能的。当我所说的杰出人物出现时，之前的斗争会再次上演，真正的预言者会惨遭杀害，被人唾骂的偶像则被人追逐。

可是不管怎样，现在的基督给我们传授的是真正的道，和我们习以为常的道理是背道而驰的。如果基督使他的道和普通人跟他说的道相符以及只和肉体相符，那么他也只是一个令人同情的犹太人而已，我们的世界也就不再有宗教生活这一宝贝，不再拥有仅有的一个具有广泛意义的真正意义上的宗教福音。

如果他的说法和一般人一样："摩西是这个世界上最高尚最值得信赖的人了"，那么他也就不值得人敬仰了，神也早已丢掉了他的灵魂。可是基督是遵照神的旨意而不是遵照人的旨意，是从自己的希冀出发，而不是臣服于害怕，他替众人受苦受难，和众人待在一块儿，在众人之中相信神，他不害怕教会和国家，就算本应是世界之王的他被彼拉多和希律共同钉在十字架上时，他依然表现得很镇定。我经常觉得他的高贵精神好像在告诉我们："千万不要恐惧，不幸的同胞啊，不要丧失希望！你们也有我心中的善，假如神靠近我，他也同样会靠近你们。对于甘愿为神付出一切的人，神也会随时将他真正的财富赐予他。"

西奥多·帕克

对于把永生、福报、实现当作目标的人来说，死亡、安静、深渊依然是恐怖的秘密。明天或者数小时以后，假如我死了，我会变成什么样呢？现在我所爱着的人都会去哪里呢？我们都会去哪里呢，会变成什么样呢？"永恒之谜"一直以一副胜利者的姿态站在我们面前，处处都有秘密。信仰——黑暗中仅有的一颗星就是信仰。

是的，只要我们知道天福是什么，只要我们知道如何履行自己的职责，一切就不会变得面目可憎了。致力于求福行善——这就是我们的法则，我们获救至关重要的一点，我们的启明灯，我们的人生价值也在于此。只要存在这一点，所有的宗教都无关紧要了，因为我们已有自己的思想，我们已经知道生存的意义是什么。

卢梭

尽管信仰五花八门，可是真正的宗教却只有一个。

康德

可以产生精力、生发矢志不移的信念，并生发协同的力量去对社会进行变革的只有信仰。

约瑟夫·马志尼

我们所拥有的值得信任的引导者只有一位，那就是在我们所有人之间都存在，并让所有人都为之奋斗的一种广泛意义上的精神，即神本身。是神发出指令，让树木往向阳的一面生长，让植物开花结果，让我们朝神的方向前进，让我们在前进中紧密团结起来。

　　人只要活在这个世界上就会拥有某种信仰。一个人的信仰离真理越近，他就离幸福越近，离真理越远，离幸福就越远。
　　没有信仰的人是不可能活下去的，没有信仰的人虽然活着，还不如死去，或者相当于自杀者。

現在

十一月十七日

我们忧愁于过去的事情，因为将来的事情而自残，都只是代表我们鄙视现在。可是过去和将来都不是真实的，真实的只有现在。

对现在保持足够的警惕吧，因为现在才是最有价值的。只有通过现在，我们才能认识永恒（现在本身拥有永恒性）。

歌德

最常见的一种错误是：大家总是觉得现在并不是一个具有决定意义的、可批判的时间，可是我们应该牢记：生命中的每一天都是美好的。

爱默生

最重要的事情就是现在我正在做的事情。

对和自己生活在同一时代的伟大人物保持尊敬吧，不要说："前人是比较伟大的。"

《塔木德》

今天我们应该把自己的容器（自己的身体）最大化利用，或许到了明天它就不能再用了。

《塔木德》

这句话意义非常重大，那就是你是不是在做你分内的事。因为你生活中仅有的意义就是：即便你身处这个短暂的人生中，你的行事准则依然必须是心中指引的法则。

过去和将来都是虚幻的，试问有谁去过这些虚幻的地方？只有现在是真实的。不要忧心明天，因为明天是难以揣摩的，只为今天，而且只活在当下吧！如果每个"今天"的生活是善的，这个善就是永久的。

当你忧愁于过去的回忆或将来的事情时，你应该想想生活只存在于当下。当你全力投入现在的生活时，所有对过去的忧愁和对将来的烦忧都会烟消云散的，而且你会真正觉得快乐，感受到自由。

不局限于小我

十一月十八日

善的评价尺度不是接受者的需要或赐予者的成全，赐予者和接受者之间必须有神作为媒介进行交流。

人生并不是常和幸福为伴的，只有善良的人生才能叫作幸福。

塞内加

人好像天生就极易遗忘善行，而将恶行铭记在心。羞辱、诽谤一类的事总是一直停留在记忆中。

塞内加

如果我们履行职责只是为了得到回报，那就不能称为善行，那只是一种骗人的无目的性行为。

西塞罗

不要诽谤人，你加诸别人身上的诽谤或羞辱通常又会折回到自己身上，恶灵会从前面攻击你，你加诸别人身上的诽谤又会从后面对你发动袭击。

不要屈服于愤怒，因为屈服于愤怒的人会把自己的义务抛到脑后，不再履行自己的善行。

警惕不要做懦夫，怯懦会让人和世界以及自己精神的快乐绝缘，会让自己的身心受损。小心肉欲、官能享乐（满足肉欲）最后的结局就是病痛和懊悔。

不要妒忌他人，以免对自己造成伤害。

不要因为受辱而犯罪。

为了神和人的利益，安静地付出吧——形成习惯以后你所做的工作就是最有意义的。

不要因为懈怠而把别人的东西抢过来，不自食其力而依附他人生活的人，难道不相当于食人族吗？

不要和狡诈者争辩，最好是沉默以对。

不要和贪心不足者同行，不要相信他们所说的话。

不要和愚昧的人在一起，也不要和他们理论。不要和邪恶之人互通有无，不要和喜欢诽谤他人的人一起做事。

东方智慧

假如有人这样问我，是否存在一种试金石的纯粹道德可以将所有行为的道德内容都考虑进去，我必须得说：这个问题只有哲学家才会质疑。因为对于拥有完整思想的人来说，这早已是不可置疑的问题。

康德

友善对待行人，这样你会更加受到他们的爱戴。友善对待敌人吧，这样终有一天，你会和他们成为朋友。

当你说到敌人时，一定要记得未来有一天，他也许会成为你的朋友。

马可·奥勒留

你必须清醒地意识到你的一生是要致力于他人的幸福的，你必须甘愿服务于他人。

罗斯金

不停地做善事，持续不断地做下去吧！过这样的生活才能称为幸福。

马可·奥勒留

真正的善表现在无形中，即只有不局限于小我，和其他人融为一体时才可能做到。

恶行会使自己受到伤害

十一月十九日

　　人在物质方面所做的坏事，施恶者自身也许不会遭到报应。可是恶念却必定会在心中留下难以磨灭的痕迹，很难不遭到报应。

　　正直的人就算能从某件事中获利颇丰，他也不会因此让其他人遭受不幸。而且他也不会以牙还牙。

　　如果一个人始终揪着没来由地讨厌他的人不放，他自己终究也会陷于这种困境中无法自拔。

　　对施恶者最好的报应就是：别人用善来回报他，以此来激发他的内疚感。

　　如果一个人不能像化解自己的愁苦那样去帮别人化解愁苦，那么他拥有再渊博的知识又有什么用呢？

　　早晨就有了恶念的人，到了晚上恶就会来找他。

　　恶人在对别人造成伤害以前会先对自己造成伤害。

库拉

　　命运让人蒙受的苦难还有可能躲开，可是自作孽却会陷入万劫不复的境地。

东方谚语

我们无法躲避悲摧的人生，因为恶和它是密不可分的。恶来源于我们的无知，对真正的法则一窍不通则会让我们的人生遭受不幸，不管到哪里，我们都难逃不幸的法网。让我们先消除无知吧，这样一来，我们才会摆脱不幸。

佛陀

每一季都具有自己的特点，同样地，人的每种行为所带来的状态也是不一样的。

被诽谤、羞辱的人可以睡个安稳觉，过着快乐的生活，可是诽谤的人却在自我毁灭的道路上前行。

就算有人让你蒙受不幸也不要因此嫉恨他人；不要在行动上和思想上对任何人造成伤害；不要出口伤人。因为这一切都会阻碍你收获幸福。

印度经典

有人刻意过暗无天日的生活，好像自己真的有资格过那种生活一样。他们一直忙于那种生活，当醒悟过来的人眼中被投射进他们那暗无天日的生活的影子，他们就会觉得无比的知足和快乐。一般情况下，这样的人是极其悲哀的。

有可能去行善，可是却一直没有付出行动的人肯定非常烦恼。

萨迪

尽可能让自己变成一个好榜样！克服自己是难度最大的一件

事，既然能克服自己，自然也就能克服别人。

　　每个人都只能掌控自己。自己所犯下的罪行、带来的罪恶会如同钻石切割石头一样让自己毁灭；当然自己也会受到自己所犯下的恶行的报应。相反地，如果自己可以把罪恶清除掉，就可以把自己完全洗白。

　　不管对方是谁，都一定要把自己对别人的义务铭记在心。

《法句经》

　　因为所犯下的恶行而让自己精神所受到的伤害，无论什么表面上的幸福都不可能让它愈合。

勇气

十一月二十日

拥有善心的人想要激起犯下了弥天大罪的人的爱是极其不易的，反而会被他们所害。可是善心却并不会因此而踌躇。

你们要提防人；因为你们会被他们交到公会，他们会在会堂里对你们进行鞭笞，而且因为我的原因，你们还要被带到诸侯君王面前，见证他们和外邦人。他们带走你们时，你们不要想着怎么讲话，或讲什么话。到那时，肯定会告诉你们应该怎么说。因为这些话不是由你们说的，说话的人是你们父的灵。

《马太福音》10：17～20

为了正义而不惜付出一切努力的人，最后的胜利者总是他们，这种胜利甚至可以和死亡相抗衡。坚韧不拔的精神、值得信任的精神啊，雄起吧，前进吧，不管幸运与否，可以肯定的一点是，你一心向往的正义最终会取得胜利。只有和正义背道而驰才会遭到灭顶之灾。正义不可能屈服于你，因为它的实现不是通过你的意志，而是通过自然的恒久的法则。

卡莱尔

阻挡在善的道路上的所有障碍物，被我们一一攻克以后，反倒会给我们注入新的力量。那些原本会给我们带来挑战的东西、那些拦路虎本身最后都会变成善，在看上去好像是一条死胡同的地方会忽然出现光明。

马可·奥勒留

　　能忍到最后的人都会得到救赎。

　　可是人却极易觉得没有希望、原地徘徊，抑或在只要努力一点就可以达到目标的时候却选择了倒退。

　　所有加害尽管会把人为的支撑损毁，可是却会让真正的信仰更加清晰。

　　不要祈求别人给自己爱，就算得不到也不要自寻烦恼。普通人通常都对行恶者爱慕有加，而对行善者嗤之以鼻。最关键的是遵照内心的神的旨意，而不是唯普通人马首是瞻。

一举一动来衡量

善行由每天的

十一月二十一日

我们活在这个世上必须去过好生活本身，根本没有什么特别不得了的大事。

我们每天早上醒来都必须扪心自问："今天我应该做些什么善事？"每天天色渐晚时，我们被赋予的生活的一小部分不是就要被带走吗？

印度谚语

对人的德行进行评价，并不是通过某种超乎寻常的努力，而是通过每天的一举一动。

帕斯卡

相较伺候人，伺候神要简单多了。在人面前，你总想着展现自己最好的一面，假如被人瞧不起，就会觉得很难过或生气，可是在神面前，你根本不需要这样，神知道你是个什么样的人，而且在神面前，你不用担心遭到他人的诽谤，你不需要假惺惺的，你只需要尽力让自己越完善就行了。

让我们的心灵每天都澄澈无比,让我们每天都尽最大努力去完成自己的职责,让我们的内在世界都充满和平。

希望每天的朝阳都可以被我们视为生活的开端,每天的夕阳都被我们视作生活的结束。让我们这短暂的一生每一天都充满友爱待人、尽力完善自己的印迹。

罗斯金

我是上帝工作的工具。我真正的福祉是参与他的工作。我只能为了保持秩序,清洁,清晰,正确而参与他的工作。这个工具给了我灵魂。

面对任何最复杂和最困惑的事,如果你在上帝审判之前设法使其独立于人,那一切就变得简单明了了。

人生至关重要的一件事就是遵从良心的呼喊,每天做好自己分内的事。

培植才是关键的，建设不是

人越是贪心不足，就越缺乏对自己内在生活的完善，而将自己彰显到外在的社会生活上就越容易。

我们通常想着怎样给别人（社会普通人）建立生活的问题，从来没有觉得这种想法有多么让人难以置信。可是在拥有宗教的自由精神的人中间却是没有这种想法的。那只是来源于一个人或少数几个人对其他多数人进行统治的专制主义，这种想法只会在统治者本身以及他的拥护者心中找到。

这种想法是极其有害的，因为在专制者的武力压迫下，大部分人会被迫臣服，实际上从每个人的内在来对自己进行完善才是必不可少的意识，这种意识才是真正给他人提供服务的方法，可是这种方法也将被减弱。

用议会制度来对人民进行统治并不是为了寻求更大的正义，而只是为了让人民服从，并不再拥有言论自由权。

如果阅历丰富的老年人跟你说："把它毁掉！"而青年人却跟

你说："把它建起来！"那么你还是把它毁了吧，因为老年人的毁坏相当于建设，而青年人的建设则相当于毁坏。

《塔木德》

不仅一个人不可能拥有掌控大多数人的权利，大多数人也不可能拥有掌控一个人的权利。

切尔特科夫

大部分人的声音并不能被看作正义的标杆。

席勒

真理是什么？大部分人所说的真理都不是什么确凿的真理，从自己的利益角度来看真理的人，觉得那是可以用数量的多少来评价的（比如说投了多少票）。

卡莱尔

我们不仅觉得所有的剑和枪都可以被高高地放在展览拷问用具的博物馆里，而且也觉得警察制度和投票制度可以效仿。

欧内斯特·克罗斯比

当海浪拍岸的声音萦绕在我耳旁时，我觉得我一下子脱离了所有的环境。所有人都应该用这种自由的心情去再次审视自己身边的制度。

梭罗

　　培植才是关键的，而建设不是；因为大自然会想方设法把所有建设起来的东西损坏掉；而对于培植起来的东西，则因为它的成长会有利于我们。

生命的善行：托尔斯泰陪你走过春夏秋冬

生命意义的定义，或是一个非常困难且不可解决的问题——当有一个人问上帝：为什么要把他送到这个世界来时。或是一个非常简单的问题——当人们问自己：他到底该怎么办时。

人类的生命，每一秒钟都可以变成片段，为了不使其成为最粗俗的讥笑，生命应该具有这样的意义，即生命的意义不依赖于其持续时间的长或短。

行人污浊，破坏了大车店的住房，然后大车店的主人谴责了送行人来的人。正如人们也因为世界的邪恶而谴责上帝。

对于一个聪明的人来说，同样会不合乎本性地论断在他之下的自然本质，以及在他之上的自然本质。假设一个人可以理解第一种人，并且过于羞耻地认为他可以完全将注意力集中在第二个种人身上，这真是太自负了。认识到自己永恒的相对伟大和微不足道，认清自己和自己在自然中的位置，满足于服从上帝，虽无法理解他，但用爱和善良来控制低等生物，不划分它们的动物激情也不模仿它们——这就意味着要去成为对待上帝谦卑，对待低等生物善良，对待自己智慧的人。

约翰·斯罗金

在不明白生命意义的情况下生活，只有一种方法：生活在身体的永久性麻醉中，这种麻醉由烟草、酒精、吗啡或持续性肉欲娱乐所产生。

这个世界不是一个玩笑，也不仅仅是尝试苦难，过渡到更好世界的通道，这是一个永恒的世界，它是美丽的、快乐的，我们不仅可以，而且应该让那些和我们一起生活的人，以及我们的后人更美好，更快乐。

我们灵魂的完善是我们生命的唯一目标，因为以死亡为形式出现的每一个其他目标都毫无意义。

不要以为人生的意义和困惑代表着崇高或悲惨的东西。在生命意义面前的困惑就像一个陷入社会、忙于阅读一本好书的人的困惑。没有注意或不理解他们所读到的内容，而是在忙碌人际融合，这种困惑并不是一种崇高而悲惨的东西，而是一种荒谬，愚蠢和卑劣的东西。

慈悲

十一月二十四日

所谓的慈善并不是指在物质上帮助邻人，而是给予他们精神上的支撑。精神上的支撑就是指对邻人不诽谤、不指责，对于他们作为一个人的价值给予充分的尊重。

不管这个人多么邪恶，只要他是贫穷的，我们就应该同情他。试想一下不远处就有锦衣玉食者走过，而可怜人却要在陋室里艰难地忍受着贫苦。

圣贤思想

将自己用不上的东西给别人当然无须多说，就算将自己的生活必备品给穷困的人，你也不要觉得别人要对你感恩戴德。真正的爱甚至要求你把自己的心都献出去（在心中留有他人的位置）。

圣贤思想

对于邻人的恶，你不要轻信，也一定不要到处散播。

潘恩

狄奥佛拉斯塔（Theophrastos）说："善良的人肯定非常懊恼

坏人。"这样说的话，一个人越善良，不就越容易生气了吗？可实际情况却截然相反，一个人越善良，就越会摆脱情念的约束，越不会仇视任何人。也就是说，一个会辨识的善良人是不可能仇视犯错的人的，假如要仇视的话，仇视的对象也是他自己，只要想想自己不止一次和道德背道而驰，想想自己很多自负的行为，我们就不由自主地生自己的气。

最公正的裁判不仅会对犯罪的邻人进行处罚，也会一样对自己进行处罚，所有人都不可能在给自己辩护时用上自己是完美的这条理由。就算在证人面前，你可以认定自己是无罪的，可当你面对良心的拷问时，你是不可能还会这样认为的。我们最好对犯罪的人温和一些，爱他们，对过去既往不咎，引导他们走正道。不管这个人犯了什么罪，都不要把他们赶走，只要引导他们走入正道就行了。

我们的任务就是把误入歧途的人引到正道上来，所以我们必须严谨地对他们进行纠正，而不是对他们怒目而视，这样做是为了他们自己也是为了其他人。难道有医生会对病人生气吗？

塞内加

当你对别人怒目而视、仇视别人时，你是忘了"别人就是你同胞"的事，你是站在了同胞的对立面而不是和他们站在同一个阵营，这样一来，你就会对自己造成伤害，因为当你放弃做一个善良的人，对社会充满爱心的人，而选择做一个偷偷把猎物扑倒的野兽时，你就不再拥有最好的本性了。你不见了钱包时，你马上就会有所察觉，可是当你把自己的名誉、善良和谦卑弄丢了时，这种损失你怎么发现不了？

爱比克泰德

做个坦坦荡荡的人，把愤怒踩在脚下，当有人向你乞讨时，你就给，事实上人家并不乞求你给多少。可以做到这样，你就离圣人很近了。

《法句经》

在你亲切而温和的攻势下，敌人的武装就会土崩瓦解；柴不多了，火自然不会再烧了；亲切和温和可以让暴力消失于无形。

佛典

假如看到邻人犯罪，就表现出无比的憎恨，那么他就算不上一个真正慈悲的人，也就是说他所拥有的慈悲并不具有神的爱这一基础，因为来自神的所有都是和平的、温和的，而且会让我们觉悟。

圣贤思想

尽量不要隐藏自己犯罪这一耻辱的记忆，相反，你应该把它们随时准备着，当你必须去面对邻人的罪恶时，你就可以拿出来派上用场。

战争

十一月二十五日

战争不仅是没有好处的，而且是残忍的、疯狂的，这一点，大家已经有所了解。尽管这样，我们依然无法杜绝它，因为我们在寻找解决方法时，通常只停留于表面，而没有从每个人的内在去寻找。

毋庸置疑，一条崭新的道路已于19世纪开拓出来。19世纪的人开始知道：对一个民族也不能少了法律和处罚，而一个民族尽管是大肆侵犯另一个民族，可是那和人与人之间所犯下的罪行一样面目可憎。

雅克·凯特勒

假如我们不只是从表面上看人类的种种活动，而可以从本质上来探究，就不可避免会出现以下令人同情的结论：为了让邪恶的帝国持续存续下去，已经浪费掉了太多的生命，而常备兵的布置更是让这种邪恶越来越猖狂。

现阶段，地球上的居民依然处于非常愚昧的、很不科学的状态下。每天映入他们眼帘的都是国际的矛盾、准备战争之类的报道，不管上不上战场，大家都已经把自己生存的意义忘到脑后了。

这个奇妙星球上的所有人，对于自己是人类一员的事实，依然意识不明确。所有睿智的人都必须拥有团结合作的勇气，才有可能打破现状。因为站在个人的角度，没有人想要打仗，可是灵巧的政治约束却一直存在着，对人们应该团结合作造成了阻碍。

人捕杀熊会采取如下的方式：把一根系着原木的粗绳挂在蜜桶上，当熊想要吃蜜时，自然会推开原木，熊就会受到原木反弹的重重一击，恼怒的熊就会用更大的力气把原木推开，最后打在熊身上的原木的力道也会更重。如此循环往复，直到熊被打死。这样说来，相比这只熊，世人又好得了多少呢？

战争和杀人行为可以画等号。为了达到杀人的目的，不管有多少人聚集在一起形成一个集团，不管他们想怎样替自己辩解，世界上最大的罪恶依然是杀人。

只要存在帝国的权力，战争就会一直存在，这种权力会产生战争这一结果。

千根蜡烛
一根蜡烛可以点燃

十一月二十六日

一根蜡烛把其他蜡烛点燃了，很快，千根蜡烛都被点燃了；同样地，一个人的心可以把其他人的心点燃，很快，人的心都被点燃了。

某些人觉得"人类的完成"只是空中楼阁，想借此不让你努力向善，对于这些人，你必须保持警惕。

对所有可以让你心中尊贵之情醒悟过来的东西保持顺从是最关键的。

罗斯金

假如要相信人天生就有恶——就算是很小的恶，倒不如相信那存在于很远的地方的，尽管离我们很远的善。

一般人的言行举止既来自自己的想法，也有来自他人的想法。人与人之间之所以出现很大的不同，就是因为有多么依赖自己的想法，又有多么依赖别人的想法。

传播好书就是大力宣扬善，好的艺术如是，而祈祷是自己向自己大力宣扬善。可见过完善的生活是大力宣扬善最大的价值所在，所以过完善的生活不仅会让本人觉得幸福，而且其他受到影响的人也会觉得幸福。

一些善良的、睿智的、忠诚的人虽然明知战争、不劳而获、肉食、刑事审判和其他种种事情不是合法的，是罪恶的，可是他们依然当作什么都没有发生一样，继续做着这些自认为恶毒的事，这样的现象屡见不鲜。这种恐怖的现象到底是怎样出现的呢？原因就是：这种人在外在力量的驱使下开展行动，他们的行动并不遵从自己良心和理性的要求。以下这两种现象也很常见：一种是一个人越是受到外在的强烈驱使，他就越是浑然不在意地做和良心背道而驰的事；还有一种是外在的影响不断削弱时，理性的要求就会随之增强，一个人不再那么执拗，理性就终将取得胜利。

你只有自己先过善的生活，才能劝诫他人过善的生活，说教是徒劳的，人都只相信自己亲眼所见的。

梭罗

错误是会超越犯错者自身的，一个人犯错时也会让身边的人受到影响。

塞内加

单纯通过说教是很难把人引到善的道路上来的，可是有实例指导就简单多了。

塞内加

　　小心并避开会对你的灵魂造成损害的同伴！你必须对善良的同伴予以尊重，并不停地寻找这样的同伴。

不要被情欲掌控

当你被情欲掌控时，千万不要觉得你精神的要素之一就是它。事实上你一开始被情欲掌控，就相当于有一片黑暗把你的灵魂本质挡住了。

让自身发光引导自己前行吧！要相信自己，高高举起自己的光，不要希冀其他可以拯救自己的地方！

佛陀

人的灵魂可以喻为从内部投射出光辉的球体，灵魂本身所有光亮和真理不仅来源于此，而且所有外在之物也被它照亮。在这种情况下，人的灵魂是幸福的，也是无拘无束的。如果受到外在世界情念的干扰，光洁的球体表面就会因此暗淡无光。

马可·奥勒留

仁义之心真的无法在万人身上找到了吗？就如同斧头柴刀不停地砍伐树木，日日如此，它怎么可能还生长旺盛？人之所以不再拥有善心也是如此。

只有培养得当，所有事物都会生长，如果缺乏合适的培养，它就会不复存在。

（这句话的原文：虽存乎人者，岂无仁义之心哉？其所以放其良心者，亦犹斧斤之于木也。旦旦而伐之，可以为美乎？故苟得其养，无物不长；苟失其养，无物不消。）

孟子

有个善之泉存在于你的内心深处，泉中会因为你的汲取而发出清脆的声音。

马可·奥勒留

当你觉得情欲开始掌控你时，马上把你内心里的灵性叫醒吧。当你觉得某种东西把你的灵性掩盖住时，你应该马上警醒自己正受到情欲的掌控，要马上去抑制它。

不朽

十一月二十八日

生命不会因为死而消失，而只是变换了一种形式。

不要把自己的生命浪费在质疑和害怕中。你应该深信把眼前的任务完成好，才是给将来做最好的准备，勇敢地把自己的任务承担起来吧！

对于现在的我们来说，将来的状态是虚幻的。人生最关键的是生命的深度而不是长度。只要拥有高尚行为的人都知道，人生的长短根本不是事，心灵是会超脱时间的范畴的。当我们开始过完善的生活时，"时间"问题也就不复存在了。

对于永生，耶稣并没有进行直接解释，可是他带给人的影响却不局限于时间的范畴，让人觉得自己是永恒的。

爱默生

人所居住的家不可能永恒，可是灵魂本身在澄澈的思想和优良的行为的帮助下所成立的"家"却是永恒的，而且是无坚不摧的。

露西·马洛丽

永恒的信念并不是来自理论，而是来自生活本身。

当你和另一个人携手前行时，假如对方突然不见了，你就站在这里往下看，肯定会不自觉地生发出一种永恒的信念。

我们有多么害怕死，就代表我们对人生有多么了解。

一个人越能体会到平安、精神力量、自由、生命的快乐，他就越不会害怕死亡。这一世的生活和永恒的生活融为一体时，就代表内心拥有最大的和平。

人心原本就具有永恒的意识。而这种意识会因为我们所行的恶的程度而被夺走。

语言就是行为。

对于自己没有感觉到的事，坚决闭口不提，心灵的光绝不用虚伪掩盖住。

圣贤思想

和朋友相比，有时候我们的敌人可能对我们还有些帮助，因为对于我们所犯下的罪行，朋友不会跟我们计较，可是敌人却会让我们所犯下的罪行都赤裸裸地展现出来，使得我们必须提高防范意识。

对于敌人的批评，我们一定不要视而不见。

就算是再微不足道的虚荣和矫揉造作，不管是想让别人信服，还是让自己深信都毫无裨益，有关这一点，你只要认真思考一下就会知道了。当然相比自我相信，让别人信服自己需要付出更多，所以前者对名誉所做的贡献当然比不上后者。

康德

圣人对一个人的价值进行决定时，并不取决于那个人所说的话，也不会因为某些话出自身份卑贱的人之口而对那些话嗤之以鼻。

中国金言

在对脑子里的思想进行翻译时，人的语言是非常宝贵的工具。可是在深沉而真诚的情感范畴，这种翻译能力就太不值一提了。

约瑟夫·科苏斯

只有在听者可接受的范围内，语言才会具有价值。当着一个没有尊严的人的面，你不可能说人的尊严，当着一个和爱绝缘的人的面，你也不可能说爱。假如你为了让他们明白你所说的话而尽可能让那些话意义浅显，那最后就没有你想要说的话了。

罗斯金

不管为了达到什么目的，虚假的辩护都是没有立足之地的。

谈谦虚

十一月三十日

谦虚的人的力量是不容小觑的。

谦虚的人不局限于自身，而是走出去和神合为一体。

世界上最柔弱的东西就是水了，可是任何可以和坚强相对抗的东西都在它面前甘拜下风，因为它的本性始终如一。几乎所有人都知道以弱制强，以柔克刚的道理，可是却没有人愿意去践行。

（这句话的原文：天下莫柔弱于水，而攻坚强者莫之能胜。以其无以易之。弱之胜强，柔之胜刚，天下莫不知，莫能行。）

老子

对环境丝毫不客气的人，环境也会对他进行反击；顺应环境的人，环境也会顺应他。

当环境没有顺应你时，千万不要对它进行攻击，顺其自然吧，因为对环境进行攻击的人就会被它所奴役，顺应环境的人则可奴役环境。

《塔木德》

即便无人知晓，圣人也会安静地遵从道德的法则，不会哀叹。

孔子

萨迪说："我在安息遇到过一个骑着老虎来的人，当时看到这个场景我就被吓坏了，可是那个人却说：'萨迪，不用害怕，只要你遵从神的旨意，你就会成为一切的主人。'"

安于现状的人看上去很强劲，想要往上爬的人则看上去很虚弱。

卢梭

世界上最强悍的人会被最柔弱的人打败，所以谦虚的美德是无与伦比的，缄默的好处也是无与伦比的。可是世界上可以真正做到谦虚的人却屈指可数。

实现了谦虚这一德行的人就如同从圆锥形的顶部走向下面的人，精神生活的半径也会逐渐扩大。

老子

人谦虚的程度越高，自由的程度就会越高，强劲的程度也就越高。

十二月

生命的善行

——托尔斯泰陪你走过春夏秋冬——

女性的责任

女性的角色是多样化的，是母亲，也是妻子，同时也属于社会的一分子。更深入地说，男性是神的儿子，同样地，女性是神的女儿。

奢侈的女性啊，如果有人让你做一道选择题，你是愿意做一个拥有健康、光洁的肉体而身穿破旧衣服的人，还是愿意做一个拥有病态、孱弱的身体而身穿华美衣服的人呢？你的答案是什么？你难道不认为拥有漂亮的肉体要好过华美的衣服吗？你会如此看待肉体，为什么不能同样看待精神呢？一个人的精神是愚昧的、邪恶的、龌龊的，而却想用金银来打扮自己以得到某种东西，那不是愚昧至极吗？

圣约翰·克里索斯托

如果一个女人的善良是无限的，那么她的愤怒也是无止境的。好女人送给丈夫的是礼物，坏女人带给丈夫的是疾病。

女性最好的装饰是言语温和有加。

你可以在城市的大街溜达一圈，对商店里售卖的各种高价物品浏览一遍。而这些价格高得离谱的物品来自很多劳动者的辛苦付出，甚至不惜消耗身体的劳力，可是它们都是给女性提供的奢侈品（实际上没有这些东西，依然可以生活）。期待部分女性能明白因为自己的浮躁和不需要的奢华而带来的害处。

漂亮的女性必须同时具有正直的品质，因为只有在正直的作用下，女性才能抵挡因为自身的美所引来的祸患。

莱辛

由丈夫来选择妻子其实是不合时宜的，由妻子来选择丈夫还合适些。假如你想让自己的孩子有个好父亲，女性就必须先知道善是什么，恶又是什么，这也是女性首当其冲要学习的事。

女性想要效仿男性，就和男性想要效仿女性一样是有缺陷的。

有些女性对万人表现出自己所拥有的母性的自我牺牲精神，可以这样把自己的聪颖和纯洁都奉献出去的女性是世界上最幸福和最漂亮的人。

自我牺牲是最适合女人的本性，而利己主义是最和女人的本性相违背的。

和女性一样，男性也要走向自我完善之路，那就是完成爱。假如在爱的思考和反思上面，男性有比女性强的地方，那么通常情况下，女性因为以爱为基础的自我牺牲要比男性强。

素食

"勿杀生"——这不单是对人说，也是对所有生物说。在《圣经》还没有写完以前，这一个戒律就已经在所有人的心中留下了痕迹。

肉食主义者相信一种论据，就是反对素食。可是不管怎样，当人看到动物被杀害时，肯定会从心底里生出同情和讨厌之情。而有些人为了救赎自己，宁愿不吃肉。

"可是如果你对羊或兔子都满怀同情，那么你也必须同情狼或鼠"，反对素食的人这样说。的确，狼或鼠也是应该被同情的，为了不让它们伤害人，我们正在尽力寻找一种更合适的方法，这种方法是我们一定可以找到的，当然不是杀生。而我们对虫类的同情就算是间接的（就好像利希滕贝格所说，动物的体积越大，我们就会越同情它们），我们依然能体会到那一份同情。我们也应该找到合适的方法才能避免被它们所伤。

"可是植物又怎样呢？植物也是有生命的呀，而你们却把植物的生命强行夺走了"，反对素食的人又会提出这样的论调了。可是这个理由本身正好界定了素食论的本质，正好把素食论者真正的心愿揭示出来了。最完美的素食是只以果子充饥的，只把包藏生命的种子的外层当作食物，像西瓜、南瓜、梨、苹果、桃子等这些果子就是；营养学家也强调说这些食物是最有营养的；吃这些东西时，我们并没有强行夺走任何生命，同时却出现以下需要关注的现象：因为果子很好吃，我们把果子摘下来，吃完果肉以后，我们又把种子重新撒回大地，这样植物便可继续繁衍下去。

由于人口的膨胀和人类的慢慢觉悟，人应该从把人当作食物转向把动物当作食物的阶段，再转向把植物的种子或根当作食物的阶段，最后到只把果子当作食物的这种最原始的取食方法。

因为私人霸占了太多土地，所以果子才变得极其宝贵。如果土地可以被所有人共同享有，那么果子的数量也会急剧增加。

如果阅读和写作不能帮助人们对所有生物更加友善，那么它们就不能构成教育。

约翰·罗斯金

不管是从道德层面，还是从物质层面，肉食的无知、不义和危害，都是再明显不过的事，特别是到了近代更加明显。如今的肉食之所以继续存在，不是通过理性的判断，而只是因为一直以来的传统、习性和暗示，所以到了现在已经不需要向众人证实肉食有多么不科学，最关键的是用实际做出来的成绩去打破这种传统、习性和暗示。

艺术

　　艺术是一种人类活动，在于一个人有意识地利用已知的外部方法将经历的感受转移给其他人，而其他人感受并体验它们。

　　真正的艺术作品能够消除作品与艺术家之间、存在于感知意识之中的隔阂，并且不仅在作品与艺术家之间有这样的作用，在作品与所有正在试图理解这一艺术作品的人之间也有同样的作用。在个性解放之中，与自我分离，与他人分离以及与孤独分离，在与他人的个性融合中，包含主要的吸引力和良好的艺术品质。

　　作为思想产物，只有当它传达新的见解和思想，并且不重复已知的东西时才被称之为思想产物，就像艺术作品只有在为人类生活注入一种新的感觉和生活习惯时才被称之为艺术作品。

　　艺术是人类进步的两个工具之一。一个人可以用语言交流思想，通过艺术方式他可以和所有人分享感受，不只关乎现在，也关乎未来。

　　如何进行知识的完善，即令其更加准确，要用需要的知识来置换和取代错误和不需要的知识，从而通过艺术实现感官的完善。为了人类的幸福，要用更友好，更被需要的知识来取代不友好和不被需要的知识，以及那些低级感受。

这是艺术的目的。

爱默生说，音乐向人展示其灵魂中的伟大可能。所有真正的艺术都有这样的作用。

艺术是社会生活之色。如果围绕着我们基督教世界的是残酷的社会，那么这样的社会的颜色不可能是美好的。艺术将不可避免地被腐蚀和丑陋。

这是我们社会的艺术，近来达到了最为腐化和畸形的程度。

如果提出一个关于什么对我们基督徒世界更有利的问题：是否用摈弃现在被认为是错误的艺术，来让一切变得更好。那么我认为理智和道德的人会像柏拉图为共和国，以及基督教人类教师那样解决问题，他会说："没有艺术比现在腐化的艺术或与之相似的艺术更好"。

当前科学和艺术的活动者没有履行，也不会履行他们的使命，因为他们已经将权利从责任中解脱出来。

我们的敏感，腐化的艺术出现在民族奴役之中，并只有在奴隶制中才能继续下去。

尊
严

对神和对邻人的爱把所有法则（也就是道之所在）都涵盖进去了——这是我们耳熟能详的话。因为邻人不一定存在，所以对邻人的爱是一种机会。可神是一定存在的，所以不管是在荒漠里，还是在监狱里，人都可以完成神的法则，都可以去爱神和爱神许可范围内的所有现象，而且能够更深入地在自我意识中和神进行交流。

马凭借跑步的特长而避开敌人的追击，所以马的悲哀就是不再拥有跑步的特长，而不是没办法像鸡那样啼叫。

狗的嗅觉很灵敏，所以狗的悲哀是不再拥有嗅觉，而不是没办法像鸟一样在天空自由翱翔。

同样地，人的悲哀并不在于没办法通过武力让熊、狮子或凶残的人臣服在他的脚下，而在于不再拥有神所赐予的珍宝——也就是善和理性，这样的人才真正值得同情，真正陷入悲哀的境地。

人的死或财富这所有生不带来死不带去的损失都不是不幸的事，最不幸的是失去人真正意义上的珠宝——作为一个人的尊严。

爱比克泰德

现代人都不记得自己的当务之急是忠诚对待自己内在的神圣的灵性。人类最卓越的本性就在于所有人都可以在自己内部和代表最高智慧的泉源交流，而且也可以和无止境的精神生活相结合为一体。虽然这样，人却甘愿像乞丐一样因为一瓢死水互不相让，也不愿意直接到这个泉源去吸收精神营养。

爱默生

　　就算是最令人同情最贫困的人也依然拥有某种天赋的能力，不管这种能力看上去多么普通，仍然独树一帜，而且假如得到了最恰当的运用，也会为人类做出贡献。

罗斯金

　　每个人不仅对邻人有义务，作为神的儿女也应该对自己尽义务。

理性

人类存在的时间越长，越会和迷信划清界限，越能清醒地意识到人生的法则。

现代是个真正意义上的批判时代，任何东西都无法躲过批判这一关。可是宗教和法律却一直想要回避它，前者是通过神圣的力量，后者则是通过外在尊严的力量。

可这样做肯定会让人们觉得困惑，没办法得到预期的敬仰，因为理性只会敬仰那些可以经受得住自由而公然的考验者。

康德

探索一切，要把理性放在首位。

毕达哥拉斯

所谓人生就是更深入更广阔地掌握更多和自己使命相关的真理，而且慢慢和这个大真理结合为一体的生活方式。所有虚假的宗教都口口声声说自己的教义中就已经有名副其实的真理，而且还有和这个大真理相吻合的生活方法（信念、牺牲、祈求、悲悯等），所以不仅不需要重新寻求真理，而且也不需要尽力去完善自己的生活——虚假的宗教都是这样宣传的。这多么恐怖啊！

　　不要担心理性会把普通人所建立的传统打破，事实上理性并不会打破任何东西，它只不过会把虚假去除，转而用真理代替——这就是理性的特点。

谬误

人之所以陷入谬误中，通常是因为生活方式不善，而不是因为想法不科学。

如果只是无知，还不会出现恶，"谬误"才会让人受到戕害，人之所以犯错也不是因为拥有知识，而只是把无知当作了知。

卢梭

无论什么谬误都会有害处，不存在什么无言的谬误，更不存在什么美丽得妙不可言的谬误。

只有真理是最保险的，也只有真理是真切的、值得信赖的，只有在真理中才能找到切实的安慰；只有真理是牢不可破的。从虚伪中走出来并不会损失什么，反而会得到什么。知道虚伪是虚伪的就是真理。谬误常和戕害如影随形，和真理相违背的人早晚会经历祸害。

叔本华

我们看待这个世界都是从自己的角度，并不是从世界原本的样子来看的，而是从我们自身的观念出发来看。假如我们看待这个世界是以厌恶之心，就好像从墨镜里看一样，那就是昏暗的。

露西·马洛丽

所有人精神和肉体的本质斗争都是一样的，因此人们会陷入同样的妄想。处于这样的错误之中，人们在错误中更加肯定，并因将其作为毫无疑问的真理而接受他们，因为更多的人在传播这种错误。

人类的一种劣根性就是我最大，只考虑到自己的幸福。可是只以自我为中心的人是悲哀的，他想伟大却发现自己的微不足道，想幸福却发现自己的悲哀，想完美却发现自己处处不尽如人意，想得到别人的爱和尊严，却发现自己的不足很难被别人容忍而遭到他人的背叛，最终让别人瞧不起他。发现自己的心愿难以实现，他就会进入更深一层的罪恶中，即对于和自己的意愿相违背的真理，他都会开始痛恨，他会想把这样的真理破坏掉，如果他无法做到，他就会竭尽所能在自己心中和他人眼前把真理扭曲，他是想通过这种方法把自己的不足之处隐藏起来。

帕斯卡

所有人的内心深处都会出现灵肉纷争，所以所有人都有可能进入同样的谬误中。大部分人都彼此把谬误当作真理，在谬误中把他们意见的根基确定下来。

　　给饥饿的人提供食物，给寒冷的人提供衣服，给病人提供床位和安慰——这所有都是善事。可是最大的善事就是让同胞们从谬误中走出来。

　　世界的所有事物都不是静止不动的，而且是划着圆周移动的，人类的变化也是一样的，可是我们却没办法看到人类所留下的大圆周的痕迹，因为尽管自己也参与其中，我们却只是圆周上微不足道的一小点。

　　我告诉你们一个确凿的事实，一粒麦子没有死在地里，依然是一粒，如果死了，就会变成很多籽粒。把自己的生命视若珍宝的，就会失去生命，憎恨自己的生命的，反倒会生命永恒。

《约翰福音》12：24～25

　　生命的外观是不断改变的，只有那些不能抵达事物内部的愚不可及的人在生命缺乏某种形式时，才会觉得世界末日到了。事实上某种生命形式的缺乏是为了把另一种形式彰显出来，毛毛虫不正是因为丢失了某种形式才变成蝴蝶的吗？小孩子也是会变的，孩童面貌不见以后，会出现青年人的面貌，动物性存在体不见以后，会有灵性存在体的形式出现。

露西·马洛丽

橡树的果子是什么呢？难道不是把枝、根、叶、干都除掉了的橡树吗？不是去除了外在的形式、特点而专注于根源和本质的橡树吗？橡树的果子不是曾经失去的所有又再度复原的本质一样的橡树吗？它所失去的只是表面上的所有。回到自己的永恒性就代表着死，可是死不是灭亡，而是又回到自己的本性。

卢梭

我们不是刚脱离过去的某种状态吗？在那个状态中，我们对现在的认知少之又少，还比不上现在我们对将来的认知。就好像我们过去的状态和现在密不可分，而现在的状态又和将来密不可分。

利希滕贝格

你为什么害怕变化呢？世上的一切不都来源于变化吗？大自然最关键的本质就是变化。柴火不变化，就没办法烧开水，食物不变化，就不能给我们提供营养；这个世界的生活都离不开变化二字。我们要记得我们要迎接的变化只是自然界必然会出现的现象，我们只需要根据自然的指引去行动，千万不要做和人性相违背的事。

马可·奥勒留

万物会周而复始地繁衍，回到根源就代表安宁，和自然的和谐统一。所以肉体的死并没有什么危险。

（这句话的原文：夫物芸芸，各复归其根，归根曰静，是谓复命。……没身不殆。）

老子

死是连接我们灵魂的形式的改变，形式和与这个形式相连的东西是必须分清的。

在基督教教规中表达的上帝教规的履行是多么容易，我们离这种教规的执行还有很长的路要走！

您听到了对古人说的话：不要杀人；谁杀人谁就将会受到审判。

《出埃及记》20：13

但我告诉您，任何对自己兄弟发怒的人都要受到审判。

您听到了对古人所说的话：不要通奸。

《出埃及记》20：14

而我告诉您，任何一个人带着情欲去看一个女人，都代表这个人已经在心里奸淫了。

您还听到对古人说的话：不要违背誓言，要在主面前履行你的誓言。

《利未记》19：12，《申命记》23：21

而我告诉您：不要发誓……但是让你的话成为："是的，是的","不，不"；如有逾越都是狡猾的。

您听到过一句话：以眼还眼，以牙还牙。

《出埃及记》21：24

但我告诉您，不要对抗邪恶；但若有人打你的右脸，你就打他左脸。

若有人起诉你并索要你的衬衫，那上衣也要给他。

谁迫使你和他一起去一个地方，那你就和他一起去两个地方。

给向你索要东西的人他想从你这拿的东西，不要厌恶他。

您听到了一句话：爱你亲近的人，恨你的敌人

《利未记》19：17～18

但我告诉您：爱您的敌人，祝福那些诅咒您的人，为那些恨你的人祈福，为得罪你并迫害你的人祷告。

是的，您将成为在天堂的天父之子；他命令太阳升到邪恶与善良之上，并在正义与不义之上降雨。

如果您爱那些爱您的人，您会得到什么奖励？宗教税务人不是这样做的吗？

如果您只问候您的兄弟，这有什么特别的吗？异教徒不也这样做吗？

所以您要变完美，因为天父是完美的。

《马太福音》5：21，22，27
28，33，34，37～48

在基督的五条戒律中，表达了履行教规的条件；指出了所有阻碍教规执行的原因。如果人们遵守这五条诫命，就会在国土上建立起上帝的国度。甚至对我们来说也很容易追随，会受到教育

的影响。如果所有的孩子都学习这些诫命会怎么样？

宗教的不断前进正在与道德和解。如果神学观点发生变化，人们对品行的信仰就会保持不变。

爱默生

智者的生活规律尚不清楚，但随着他们的遵循，规律变得越来越清晰。普通人的生活规律是明确的，但随着他们的遵循，规律变得越来越模糊。

孔子

在任何时候，只有一部永恒的、不可改变的管理所有民族的教规。不遵守这一教规的人放弃自己，鄙视人性，而这样的人虽然可以免除刑罚，但却对自己施加了最严厉的惩罚，这种惩罚不是来自别人，而是来自自己。

西塞罗

论爱国心

人的使命是为大众提供服务，而不是只服务于一部分人，对其他人则没有好颜色。

对现代的基督徒来说，爱国家会阻挠他们爱邻人。就好像古代人为了爱国家而牺牲了爱家庭。

有很多人没有尽可能去探求自己生命有什么价值，如果他们的迷茫是刻意的，那么更糟糕的就是信神的同时又过着恶毒生活的人的迷茫。

帕斯卡

如果人没有了真正的天性，就会将方便的事物看作天性。同样地，如果人不再拥有自己真正意义上的幸福，就会慢慢地只将方便的事物看作幸福。

帕斯卡

爱国心的后面通常藏着可怕的邪恶。

约翰逊

到了现代，爱国心已演变成给个人和社会的丑行加以维护的手段。我们一直被这样叮咛：为了国家的和平幸福或国家的尊严，你必须把自己的一切都否决掉——为了爱国心，不管一件事多么卑鄙，你都必须坚决去做。

亨利·沃德·比彻

人往往会为了私利而做出很多不好的行为，为家庭又可能会做出更多不好的行为，而最糟糕的恶行——像外交上的间谍、死刑、奸诈、战争等则通常都以爱国心为基础，这种德行甚至经常被严重夸大。

今日，全世界的人都必须团结一致，和平共处，不应该再灌输给国民这样的思想：只爱自己的国家，随时准备进攻和抵抗其他国家。只对自己的国家有强烈的非比寻常的爱，只把自己的国民团结在一起的做法，是有违现代各民族已经通过贸易、交通、科学、艺术和道德上的自然而然而走向一个大集体的努力的。

不管是爱国家，还是爱家庭，都是人自然的本性，可是如果超出了范围而有损爱邻人，那么二者就变成了罪过。

对于现代人来说，只能通过外在的暗示或教唆才能激发爱国心。

爱国主义到这种程度，对我们这个时代的人们来说是不寻常的，以至于只能通过诱导来激起它。

这正是政府和那些受益于爱国主义的人在做的：他们唤起没体验过它，无利可图的那些人的爱国主义。必须警惕，反对这种欺骗。

诱惑

最司空见惯的一大诱惑——就是在"大家都是这样"这句话中所彰显出来的诱惑，会让人进入悲哀的泥潭。

这世界不可能远离祸，因为绊倒人的事是无法规避的，可是那绊倒人的就免不了祸了。如果因为一只手或一只脚，你摔倒了，你就把它砍下来扔了吧，你少一只手或一只脚而抵达永生的境界，总好过你双手双脚都被扔进永恒的火里。如果你的摔倒是因为一只眼，就把它挖出来扔了吧，你只有一只眼进入永生，总好过两只眼都被扔进地狱的火里。

《马太福音》18：7~9

如果一个人的手是完好的，即便他碰到蛇的毒液也是没有关系的。完好无损的手，毒液是无法伤害到他的。自己不产生恶，恶就不会伤害到他。

佛陀

不会有人在旧衣服上补上新布，因为那衣服反倒会被补上的带坏，破得就更加明显了。也不会有人在旧皮袋里装上新酒，假如真是这样，皮袋会裂开，会往外洒，皮袋也会跟着坏了，只有将新酒装到新皮袋里，才会保证二者周全。

《马太福音》9：16~17

如果一个人摆脱了某种罪恶反倒觉得难受，他肯定离极大的危险不远了。尽管起初人会羞愧于自己所犯下的罪行，可是后来反倒会觉得难受，因为用传统的观点来看这相当于毁身。没有在犯罪一开始就止步的人就会一直往下走。

巴克斯特

当你察觉有人特别尊敬你时，你必须透过现象去看本质，抛开那些表扬你的话；因为停留在表象上的荣耀会扭曲理性。如果你相信自己做的所有事情都是令人敬仰的，那么你身陷于多么恐怖的欺骗世界啊！

马可·奥勒留

有一个老人身边曾经充斥着各种恶。他百思不得其解："为什么神会允许这个世界存在恶？"因此，他对神有点不满。

有一次他做梦，梦到从天上降落下来一个手拿漂亮花环的天使。天使正在四处寻觅，谁值得她把这个花环给他戴到脖子上，老人一阵激动，然后对天使说：

"那么漂亮的花环谁才有那份幸运戴上啊？我希望能得到这份奖赏，为此我甘愿付出任何代价。"

可是天使却往北方一指，说："你看这边！"老人顺着天使手指的方向看过去，远方有一大片黑云，半边天都被挡住了，还垂向地面。忽然黑云中间被拨开一条道，出现了一大群黑人，快步朝老人的方向跑过来。而他们身后还有一个非常恐怖的、身形硕大的黑人，他的脚如一叶扁舟一样踩在大地上，脸上毛茸茸的，还有一对极其恐怖的眼睛炯炯有神，嘴唇鲜红，昂首屹立。

"向他们发起进攻！如果你打败了他们，这个花环就归你了。"

老人惊讶极了，说："我可以向任何东西发起进攻，可是那个巨人不是人力可以抗衡的，我怎么能向他发起进攻呢？"

"你真是个呆子！"天使说，"你因为惧怕那个大黑人，所以也一并害怕那些小黑人。可是这些小黑人就是人的情欲啊！你完全可以打败它们。那个大黑人只不过是把世间所有的恶集中到了一起。尽管你因为害怕那个大黑人，而对神满腹怨言，可是你根本不需要向他发起进攻，也不需要害怕他。那根本就是个不存在的东西。你只需要和自己的情欲展开搏斗，如果每个人都可以做到这一点，那么这个世界上就再也不会有恶了。"

民间故事

恶魔特别青睐的一种武器就是假羞耻，相比通过假自尊，恶魔通过它可以实现更多的目标；假自尊能对恶进行大肆宣扬，而假羞耻则不会让人感觉到善的存在。

罗斯金

这个世界原来不存在恶，恶都存在于我们心中，所以我们是可以把恶消除的。

最自然的工作就是农耕

十二月十一日

纵观世界上所有的劳动，农耕是最让人欣喜的工作。

终有一天，民众会了解真理吧，尽管很早以前，人类的导师就已经知道了这些真理，可是最终民众还是会了解的吧。人类最根本的善德就是了解到自己是有待完善的，还有遵从"至高存在者"的法则。"你是尘土，你最终要变成尘土"——这是我们所知道的和自己有关的首个真理。第二个真理则可以在"耕作土地是我们最关键的一项职责"这件事情中找到。在这种劳动和我们通过这种方式和动植物建立关系的过程中，我们可以找到让我们的才干和幸福最大化的根本前提。如果没有这种劳动，人类的和平将是无法想象的，人在智慧和心灵各方面的发展也将变得不可能。

罗斯金

到市场采购谷物的人，我们可以把他喻为失去父母的婴儿，尽管他得到了很多人的奶，可是他依然不满足。一个人如果自己耕作谷物喂养自己，就像婴儿吮吸自己母亲的奶。

《塔木德》

就像经书上所说，终有一天，所有的劳动者都将回到地上来劳动。

"所有航海的人，所有掌握航向的人，都需要靠岸，在陆地上定居。"

《以西结书》

"辛勤耕耘自己的谷物吧！"这是永恒的法则，女人一定要生儿育女，而男人则一定要劳动。女人有自己的任务要完成，自己生的孩子必须自己养，要不然就会享受不了当母亲的快乐。男人的劳动也是一样，如果吃的食物不是来自自己的辛苦劳动，那么男人也将享受不到劳动的快乐。

蒂莫菲·邦达列夫

相比以祭神感到自豪的人，自给自足的人更受人敬仰。

"向蚂蚁学习勤劳吧！"有人这样劝告你已经够让人羞愧了，可是假如不听劝告则要忍受两重羞愧。

《塔木德》

最适合人的、最自然的工作，也最能让人觉得幸福和自主的工作就是农耕。

善可以把所有东西都打败，可是没有什么东西可以把善打败。

你可以和任何东西相抗衡，可是你无法和善相抗衡。

卢梭

批评恶并不能让个人生活和全人类生活都处于和平中，正确的打开方式是发扬善。

极度敏锐的人才会对恶进行批评，可是这样做原本就是恶——恶中最大的恶，因为批评恶只会让恶的程度更甚，可是假如把恶忘掉，只大力弘扬善，那么恶就不见了。

露西·马洛丽

道德不可能和宗教各自为政，因为道德不只是宗教的结果——宗教是指被人类所了解的人和世界之间的关系，而且这种关系还包括了道德本身。

当面对太阳时，火把就失去了光泽，同样地，当面对善时，智力（就算是天才）或美也会光华全无。

叔本华

所有真正的杰出人物所拥有的宝贝和天赋就是绵延不绝的和善。

罗斯金

看上去弱不禁风的草木竟然可以从坚实的路面上拔节而出，从岩石的裂缝中透出来，让自己的前途一片光明，善也有和它一样的情形；善良而诚恳的人所拥有的力量远不是铁锤、战斧可以比拟的，任何东西都不能对抗他们的力量。

梭罗

一个地方只要有人，就肯定有机会行善。

塞内加

平常我们所爱的人是和我们志同道合的人，或表扬我们的人、对我们好的人，可这并不是真正意义上的爱，这是偏爱，或利益互换。他表扬我们，我们也对他们回报表扬，他对我们好，我们也同样对他好——在这样的情感中尽管不存在恶，可是却并不是真正的爱，不是神的家。假如我们心中有真正的属于神的爱，那么我们就不会因为一个人和我们志同道合或因为他对我们好，我们就爱他，而是因为他和别人一样，内心也有神灵。

我们这样爱人时，我们才能像基督所告诉我们的那样，既爱爱我们的人，令人喜爱的人，也爱恶毒的、有害于我们和世界的人，还爱我们的仇人。而且这种爱不会因为别人的恶毒、别人恨我们而不存在，反而会更加牢固。更深入地说，这种爱之所以牢固程度比以上的偏爱还要高，是由于这种爱是永恒的，不会因为我们所爱的人发生变化而变化。

当别人对你恶言相向时，你用善言回报他；当别人诽谤你时，你依然用爱心回报他，这是让恶消失的最好方法。

信仰在行为上体现出来

信仰在行为上体现出来。

不管在哪种情况下，真正的信仰都不会和现实生活上的行为有矛盾，会一直保持一致。

我的弟兄们！假如有人说，自己光有信心，却没有做出行动，这有什么意义呢？这信心能拯救他吗？假如弟兄或姊妹没有衣服穿，也没有吃的、用的，你们中间却有人告诉他们，安安心心地去吧，愿你们吃饱穿暖，却不把他们身体所需要的东西给他们，这又有什么意义呢？这样，假如信心缺少行为，无疑就是死路一条。肯定也有人说，你有信心，我有行为；你指给我看你的信心，我便通过我的行为，让你看我的信心。……缺少灵魂的身体是死的，缺少行为的信心也是死的。

《雅各书》2：14～18、26

爱基督教胜过爱真理的人，很快就会更爱自己的教会或自己的宗派，到最后就只会爱自己了。

柯勒律治

履行自己的职责，抑或以理性的法则出发而展开行动才是唯一的一个推崇神的法则。

利希滕贝格

白天必须过得充实，晚上才能安心入眠，青春时代不虚度才会让老年过得踏实。

印度谚语

信仰不够坚定的人很难把别人心中的信仰激发。

老子

没有把宗教放在最重要的位置上的人，事实上根本不具有宗教情怀；神让人的心丰富多彩了，难道我们还能把神不放在最重要的位置上吗？这样做的人事实上是根本不看重神的。

罗斯金

尽管我们不知道个人以及全世界生活的最终目标是什么，就好像移动建筑材料的工人根本不知道他们正在修建的建筑物要承担什么任务一样，可是我们却知道自己正在进行的工作是一项科学的、漂亮的、正确的，自己以及全世界都不可缺少的工作。

对自己和别人的话都不要相信，只要对自己和别人的行为选择相信就可以了。

神的光反映出来
人的心就是为了将

十二月十四日

人的心和神所指的事是相同的。

人的心就是为了将神的光反映出来。

《塔木德》

人和神合为一体就代表着神住在自己里面。十七世纪的神秘诗人安格尔斯这样说过："神看我的眼睛就是用的我看神的那双眼睛。"

卢梭

河里的鱼有一次在河里探讨："听说我们必须依靠水才能生存，可是我们根本没有见过水，也不知道水长什么样子。"这时有一条比较机灵的鱼说："听说海里有一条很博学也很有智慧的鱼，它什么都知道，我们一起去海边，请它指给我们看海水长什么样子，问它水到底是一种什么东西。"于是鱼群一起到海边去寻找那条特别有智慧的鱼。当它听到鱼群为什么而来以后说："你们就在水中生活，你们的生存离不开水，却不清楚水是什么。"

同样地，人就在神中生活，人也离不开神，可是人却不知道神是什么。

苏非

借助思想的翅膀一飞冲天的人，总会看到一片青天吧——太阳总照耀在云层上面。

神的心把我们的心紧紧抓住，并穿透我们的心。我们没有看到神，因为神离我们太近了，神深深地隐藏在我们内部，以至我们的意识都没有发现。神之所以这么靠近我们，不单单是为了让我们知道它，而且也是为了让它可以运行在我们上面，影响我们，并传递给我们它的讯息——这里就有像慈父一样的神馈赠给我们的礼物。

伊凡·蒲宁

假如你害怕什么、埋怨什么，原因是对于你心中的神的爱，你根本没有选择相信。如果你选择了相信，你就不会有任何心愿未了了。因为你心中的神的愿望，往往是能够实现的。如果你选择相信神，你就没什么好害怕的，因为对于神来说，任何东西都不足以为惧。

如果对比我们的力量和自然的力量，我们只是命运的玩偶。可是当我们意识到心中的神灵时，我们就可以得到安宁和快乐。

爱默生

我们心灵的本性是幽远的，所以不管我们多么尽力去了解它，也不管我们如何给它下定义，都不可能对它有正确的认识。

赫拉克利特

不管你遭遇什么事情，只要觉察到自己和神是合为一体的，你就会生活幸福。

真理

　　尽管真理和神本身并不能画等号，可是我们只有通过真理，才能了解神。

　　和真理相比，谬误需要人为的支撑，而真理却不需要。

　　和了解真理的幸福相比，其他所有的幸福都变得不值一提，和了解真理的快乐相比，其他所有的快乐也变得不值一提，了解真理的幸福和快乐是没有任何东西可以与之相比拟的。

佛陀

　　一切存在的源头就是真理，没有真理的地方便什么东西都找不到，所以圣人看到真理的时候便像看到了宝贝一样。真理不仅仅指爱，还指智慧，是真正的道德，是内外世界合为一体的基础。就算它受到了所有人的冷落，它自身的意义也一直都在。

　　错误只能坚持很短的一段时间，而从过去到将来，真理一直都在，而且它的存在是借助所有的困惑、奸计、虚伪和困难。

直到现在，人都不是百分百坦诚的，因为人心里时不时会出现不同形式的矛盾。

不犯罪的人是不存在的，百分百坦诚的人也是不存在的，人与人之间的不同就在于犯罪和坦诚的程度有异，有些人一直靠近无罪和坦诚的境地，而有些人则不具备这种精神。

不停地对真理进行实践，把真理说出来，对真理进行思考，这都是至关重要的。一个人是否在向真理靠拢，取决于他是否开始学习这些事情。

增强人们之间的爱

现如今的社会制度要想得到改善，只有增强人们之间的爱。

生物尽管趋向于相互虐杀，可同时也可以互帮互助。生活是相互协作的情感，也就是通过"爱"来维系的，而不是通过毁坏的热情。

在整个世界生活的发展中，我们可以看到相互协作的原则，而历史就是让所有生物和平共处这仅有的一个原则越来越清晰的过程。

"爱"是个极其恐怖的字眼，人通常打着爱家庭的旗号行恶，打着爱国家的旗号行更大的恶，打着爱人类的旗号行最大的恶。毫无疑问，爱会让人生具有意义，可是真正的爱到底在什么地方却是古往今来的圣贤们一直在解决的难题。可是他们的解决通常是悲观的，即他们会展示给我们看：被谎称为爱的，或穿上虚伪的爱的外衣并不能叫作真正的爱。

我们这个破败而倦怠的世界因为爱而焕然一新，我们的心也因为爱而得到温暖。终有一天，所有的外交方式和军事设备都会被赤子真诚的力量所打败。

尽管人类社会曾经因为爱的力量而收获不少，可是人们却慢慢忘记了爱的力量。因为爱的力量而取得非常显著的成绩的例子，也确实可以在历史上找到几次，可人们已经彻底忘记了。希望终有一天，人类生活的共同法则会是爱，所有的悲哀都不再出现。

爱默生

尽管可以让人们尊敬想象中的圣物，如圣餐、圣体、《圣经》等，而且现在也确实在这样做，可是比这重要一万倍的是，不仅要把想象中的事物告诉给儿童和普通民众，而且还要把最真实的事物告诉他们，也就是把所有人都知道的、令人心情愉悦的互爱之情告诉他们，这样的日子终有一天会到来的，基督就是为了它的降临而甘愿忍受所有烦恼。终有一天，世人将不再骄傲于自己能通过武力控制他人并干涉他人的劳动，也不会沾沾自喜于自己可以让他人害怕和妒忌，相反，世人会骄傲于自己可以爱所有人，而且即便我们被别人伤害或掌控，我们依然可以远离所有邪恶而觉得高兴。

对人类行为的善恶进行区分有一个非常可靠的标准：善就是帮助爱成长、帮助所有人紧密结合成一体的行为；恶就是让人仇视、让所有人互相背叛的行为。

仇视、战争、刑罚的时代终将过去，和谐、爱、原谅的时代终会来临。因为现在大家都已经知道不管是对身体还是对精神，

不管是对个人还是社会，仇视之情都是会让人毙命的毒瘤。相反，不管是对个人还是所有人，爱都会带给人内外一体的幸福，当然能否进入这样的时代，完全取决于我们的行为，也就是说，那是我们的义务。

团结

十二月十七日

　　觉得个体可以不依赖群体而单独存在的想法，其实是来源于时空中的生活种种条件所出现的谬论。我们越可以离这种想法远远的，越能发现自己和其他生命融为一体，我们的生活也会慢慢变得更快乐、更和平。

　　身子原本不是一个肢体，而是很多肢体。就像脚说，我不是手，因此我不属于身子，不能因为这样它就不属于身子。就像耳说，我不是眼，因此我不属于身子，不能因为这样它就不属于身子。假设全身上下都是眼，声音要从哪里听呢？假如全身上下都是耳，那味道又要从哪里闻呢？眼不能跟手说，我不需要你，头也不能跟脚说，我不需要你。不仅如此，相比之下，身上肢体越柔软的部分就越是不可或缺。假如有一个肢体蒙受不幸，那么所有的肢体都会遭受不幸。假如一个肢体收获殊荣，那么所有的肢体都会觉得快乐。

　　　　　　　　　　《哥林多前书》12：14～17、21、22、26

　　就算你没有意见，你的生活终究不可能远离人类，你终归要在人类中生活，为全人类，也以全人类为支柱生活。我们大家就如同眼、耳、手、脚那样，是天生就要相互协作的，大家彼此背叛是有违自然的，怒目相对、互相背离都是和自然背道而驰的行为。

马可·奥勒留

自己和其他所有人是紧密团结在一起的意识，是通过爱表现在我们内里的。爱可以让我们的生活半径扩大，我们爱别人的程度越高，生活就越辽阔、快乐和充实。

神把天地造出来，可是天地并没有因此觉得自己幸福。而神造人则让人都成为一个整体，并让他们觉得幸福。所有人都只是整体的一分子，为了生活幸福，所有人都必须让自己的意志和统领所有生命的广泛意志形成一个整体。可是人通常以为自己就是一个整体，却对自己所依赖的那个整体视而不见。人觉得自己凭借的就是自己，并且把自己当作中心，看作全部。可是这样做的人就好像离开了身体的手脚，也就是好像在本身之中无法找到生命的源头，又因为对自己的本体不太明白而迷茫、害怕的肢体。

可是终有一天，人应该会对自己存在的意义有所了解，人应该会还原到真正的自我，知道自己并不是整体，自己只属于整体的一部分。而所谓一部分是指自己的生活只可能借助整体的生活和为了整体而生活才会存在，离开整体的"部分"只是往毁灭靠近的生命，同时也代表着，假如不是为整体，爱自己也是不成立的。更准确地说，由于真正的生命只可能在整体中找到，只有依靠整体才能存在，所以只有爱整体，才是真正意义上的爱自己。

就是因为自己是属于整体的一分子，我们才必须爱自己，也就是说，我们爱自己时必须通过"自己是整体的一部分"这一层面来认知。

身体对手脚是充满爱意的，如果手脚有意志，它们也一定像身体对它们充满爱意一样对自己充满爱意，可它们同时又必须遵从身体才能让秩序稳定，如果不在这个范围内活动就会带来纷繁和悲哀，只有祈祷身体幸福，手脚才能分别得到幸福。

我们身体的不同部分并没有觉得是互相紧密连接在一起的，也没有发现奇妙的大统一，它们也不知道为了维持这个大统一、为了让各部分存在和发展，大自然曾经做出了多大的努力。如果身体各个部分分别得到智慧，自己所得到的营养都只留给自己而不分给其他部分，这样做不仅不义而且还会带来悲哀，互相之间不再相互友爱，而是互相讨厌。不管怎样，他们的幸福应该存在于他们的职责中，即存在于和他们所属的、相比爱自己，他们更爱他们的一种精神活动的大统一中。

帕斯卡

当你苦恼于某个难题时，你必须想到你只是一个健全身体中不健康的手脚或牙齿，你必须求助于全身。那手脚或牙齿就相当于自我，而全身就是神。

进步

人类是要不停向完善的境界迈进的，可是人也一定不能不劳而获，那必须通过每个人自我努力来实现。

经常听人这样讲：为了人生更完善、把邪恶驱除掉、建立科学生活而奋斗不止都是徒劳的。一切听天由命，人类当然会不停往前。可是这种说法和下面的情况是一样的：大家一起坐在船上往前走，划桨的人已经先到岸上去了，船上坐着的人还觉得刚才船不是一直在前进吗？它应该会继续往前的，他们并不想自己来划桨。

拉梅内

活在这个世上的人不可能一直处于暂停状态，人生是有目标要实现的，人必须往那个目标靠近，可是这绝对不是轻轻松松就可以实现的，因此说人不能也不应该一直处于暂停状态；原地踏步或闲得无聊都是不道德的。尽管我不敢下结论说人生的目标就在哪个地方，可是不管怎样，人生总归是有个目标的，人生如果没有目标，就没有价值了。觉得人生没有目标就相当于把神否定了。不仅这样，人生还被他们当成邪恶而恶俗的游戏了。

约瑟夫·马志尼

人类所有的历史都是为了给下面这不容置喙的事实提供证据：人了解神不是通过理论上的思考分析，而是通过安静的顺从。只有遵从神的指令，人才能清楚地看到世界上存在的永恒秩序，也才能对神的意志有所了解。

罗斯金

能把正义引领到世界的，只有我们人类的力量，外界的自然力是不可能帮我们完成这一理想的；能为我们完成任何事的只能是有自省能力的人类本身，不可能是其他任何东西。

吉日茨科

如果我们觉得所有事物都只能保持现在的样子，而不能有所变化，就相当于让一个索然无味的陈旧世界继续存在。我们只有摒弃这种想法才会有力量对事物进行变革。

威廉·索尔特

绝大多数人的生活中思想都是非常贫瘠的，绝大多数人都把精力消耗在生存竞争或争名逐利上，所以不再拥有思考的时间，只是茫然地接受现有的东西。正因为这样，社会变革的问题才会困难重重，遇到了很多拦路虎。也因为这样，率先站出来坚持真理的人才会引来上层社会的嗤笑和无知大众的咒骂，更因此被驱赶、被处罚，受尽折磨。

亨利·乔治

在社会变革运动中，只要你加入其中，不管你做的事情多么

微不足道，总归是有益处的，因为把很多人的努力都汇聚到一块儿就可以向理想的幸福境界迈进。所以，即便在没有人看到的地方，就算没有和你并肩的人或竞争对手，也要不掩耳盗铃地做自己分内的事。

幸福伴随着善良的生活

十二月十九日

　　一般情况下，真正的幸福就掌握在我们手中，那是像影子一样尾随在善良生活之后的。

　　借助一些东西，我们能变成更幸福的人，神将那些东西放在离我们不远的地方。

塞内加

　　没有哪副坚强的身体是永远不会生病的，也没有哪些财富是不可能失去的，也没有哪些权势是坚不可摧的，所有这一切都是善变的、弱不禁风的。将上面这些当作生活目标的人，一般是不幸的、痛苦的、害怕的、紧张的，这些人一直无法满足，他们总是跌至自己想要逃离的陷阱里。

　　只有人的灵魂（精神）是最安全的，可是为什么我们一直矢志不移地去打击这个仅有的安全所在地呢？为什么我们总是做一些不让精神快乐的事？为什么我们反倒忽视了那仅有的一件可以让心灵平和的事呢？

　　有两点被我们遗忘了，一是只要良心澄净我们就不会被任何东西所伤，二是所有的争夺和仇视都来源于我们的愚昧和卑微的欲望。

爱比克泰德

假如一个人可以把心灵的成熟当作生活的目标，他就不会再
埋怨什么了，因为他想要的都可以在他的能力中找到。

帕斯卡

幸福，真正的幸福，就是善行自身。

斯宾诺莎

对真实生活不了解的人总是将心血都花在生存竞争、追求享
乐、躲避痛苦以及推迟总归会到来的死上。可是追求享乐最后会
带来什么呢，只会让竞争加剧、苦恼更甚，而且离死亡更近。为
了躲避死亡的迫近，这些人只知道一个方法，那就是不停地让享
乐的程度更甚。可是享乐不是没有边界的，超过了边界，享乐反
倒会演变成痛苦，会更加害怕死亡。

对真实生活不了解的人之所以紧张，原因主要是：他们觉得
快乐不能平分给所有人，所以必须采用武力的方式从别人那里抢
过来，这样他们就会捣毁希望所有人都幸福的心愿。

可是这个夙愿正好就是爱的源头，只有它才能真正让人类获
得幸福，抢夺来的快乐和爱是完全背离的。

只有两种精神状态可以称为幸福：一种就是心灵的平和（澄净
的心）；另一种就是心中常乐。前者的实现要满足的条件是无愧于天
地和感知到俗世的一些小幸福；后者则是自然送给我们的礼物。

康德

不管命运之手怎么残忍地对待我们，我们都可以过好人生的每一刻——这就是生活的艺术；对理性之人来说，这是最名副其实的宝物。

利希滕贝格

悄无声息地做善事吧，不要特意告诉别人。可是你所做的善事，就算你把它忘了，它也一直都在。

抵达幸福状态仅有的一个可靠的方法就是做善事。

只有在精神平和时，人生才能得到最切实最单纯的快乐，而不是在激情澎湃时，只有在没有受到良心的指责时才能出现。

罗斯金

假如做善事的同时觉得自己很悲哀，原因就是自己所做的善事并不能称作真正意义上的善事，而且也因为自己心中没有和神相贯通。

精神

因为教会的邪恶，想要在人间实现"理想国"的希望微乎其微。可是基督教的真理终有一天能拨开云雾见月明。

基督所说的真正的宗教必须摆脱打着基督旗帜的虚有其表的宗教，当我们知道组成福音书的根源和根基时，就必须对它予以支持。

当面对强烈的太阳光时，乡间微不可查的照明或烛光就会失去光彩。同样地，在真正的灵性生活面前，抑或在所有神运动的杰出面貌前，不值一提的、突然出现的、地区性的、有疑问的教义也会消失得无影无踪。

卢梭

我看到一种新的宗教：它的基础是对人的信任，它来源于我们内心无法企及的深处，它是不求回报的，这种宗教相信神的根源就存在于人的内心深处。

威廉·索尔杰

假如没有社会整体的目标和信念，不管是什么社会都不可能存在。宗教上的设备只是一种状态，其根源是宗教。在没有信念的地方肯定会出现强权，可那不是固定不变的。强权只能把人压制住，却不可能让人心悦诚服。没有宗教，某些人只会变成暴君，却不可能真的培养出一个人。

一直以来我们都在寻找信仰，目的就是想要从自私、困惑和否定的泥潭中找到一个出口。有了信仰，我们的心灵就不会再因为寻求个人目标而手足无措，正是因为发现彼此间的根源是一样的、目的是一样的，最后要抵达的境地也是一样的，所有人才会团结在一起共同前进。成立于荒凉的人道废墟的坚定的信仰会改变现有的社会秩序，所有坚定的信仰肯定会对人类的所有活动范围都产生影响。

约瑟夫·马志尼

有的人只爱自己，事实上这种人心中是充满怨恨的，因为只爱自己就相当于仇视别人。

有的人很自负，对于自己和他人是平等的关系，他们觉得无法容忍，他们总想对别人发号施令，掌控别人。

有的人很自私，他们想要得到黄金、荣誉，贪图享乐，却永远不知足。

有的人喜欢强取豪夺，这种人会通过武力或奸计的手段从弱者手中抢夺东西，使得妇孺看到他们就害怕。

有的人喜欢发动战争，任何事情，他们都喜欢通过武力解决。他们会在高喊同胞的同时怀疑他们的同胞是否站在自己的对立面而随时想要杀了他们，喜欢战争的人用同胞的血来拟定自己的法律。

有的人心里很害怕，在恶的前面，他们战战兢兢，他们在吻着恶人的手的同时也想避免被其伤害。

所有这些人都是会对世界带来毁坏的人，是对人间的平静和自由带来毁坏的人。

可是假如没有普通大众给他们提供支持，这些加害者又能做些什么呢？

假如他们为了想让大众听从他们的指挥，而只让少数甘愿被指挥的人派上用场，那么对普通大众来说，这些少数人又拥有什么样的价值呢？

假如神的世界是用智慧建立起来的，那么就不会出现专制主义，可是统治者却和神的意思背道而驰了，成立恶魔的奸诈世界。为了让统治阶级的专制主义一直存在，恶魔会让他们学会很多邪恶和阴谋诡计。

恶魔说："你们应该把家庭中的壮丁都聚集到一起，让他们手持武器，并告诉他们如何使用。他们会向自己的弟兄宣战，因为我会跟他们说这是无比荣耀的事。我会给他们树立两个偶像：名誉和忠义，而这两个偶像的准则就是无条件服从。他们会对这两个偶像顶礼膜拜，无条件遵从这个准则，我已经让他们的理性扭曲了，不需要再担心什么了。"

于是恶魔就指示民众的加害者依据他们的指令行事，恶魔也完成了和民众早就商定好的事。

假如有人和对自己弟兄下毒手的民众说："你们是不是应该想想打着神圣的旗号指示你们去做的那些事是不是残忍的、不义的？"他们会说："我们不想，我们只需要唯命是从。"

假如有人问他们："你们难道不爱自己的亲人吗？"他们会说："我们不爱，我们只有无条件服从。"

假如有人跟他们说神和基督，他们会说："我们的神是名誉和忠义。"

自从夏娃受到蛇的蛊惑以后，这就是最恐怖的诱惑了。

希望这种诱惑到此为止！

希望恶魔和民众的加害者很快就会消失得无影无踪。

拉梅内

假如觉得"教会的基督教"尽管是有失公允的、太过僵化的基督教，可依然是基督教，那就错得太离谱了。"教会的基督教"是真正的基督教的仇敌，对于如今真正的基督教来说，那就像被抓了现形的罪犯。教会的基督教是一定要被消灭的，要不然新的罪恶就会反复出现。

祈祷

十二月二十一日

人到了自我意识的巅峰，是会觉得孤单的，而这种孤单是和烦恼如影随形的。愚笨的人会从这种烦恼中仓皇逃窜，于是马上从巅峰跌至低谷，而睿智的人却会祈祷待在顶峰。

神对我们寄予的希望是在生活中不停地完成神的意志，可是生活中的情欲、利益却不停地让我们走上了与之相反的道路。当我们发现这一点时，我们就会通过一些话彰显出自己对神的关系（也就是祈祷神），并且尽可能激发自己对神无比信任的生动意识。因为祈祷，我们的脑海里会浮现出自己的罪过和职责，并让我们远离种种诱惑（假如诱惑到来时能赶紧祈祷）。

"具体"不是无限的，所以无论如何说明，神都绝不可能是具体的。祈祷是呼唤神，可是对于不具体的东西，我们要如何召唤呢？

天文学家即便明白自己在观测天体时，出现在他们眼前的移动的并不是天体的星座，而是他们和天文台共同扎根的地球，可是他们别无选择，依然要对星球的运行展开分析。有关祈祷也有一样的情况，神是抽象的，而我们是具体的，所以我们即便明白神是抽象的，可是假如我们对着的神不是具体的，我们要怎样表达对神的关系呢？

也许会堕入无底洞的人类；也许会在冰雪上冻死、会在海上饿死抑或在孤独中靠近死亡的人类；不知道哪一天会死去，也不知道哪一天会变成盲人或聋子的人类——想到自己是如此这般的人类时，如果不祈祷，人又要怎样活下去呢？

为了找到俗世生活中的幸福而徒劳的、筋疲力尽的人类，将虚弱的手朝神伸过去时，会感受到怎样的快乐呢？

帕斯卡

没有祈祷也可以继续活下去只会出现在以下两种情况中：一种是一个人彻底被情欲所掌控时，还有一种是一个人把自己的生活都拱手送给神时。可是对于正在和情欲搏斗，还没有完成任务的人来说，在他们的生活中，祈祷是必不可少的条件。

社会制度的凭据

　　有人说："因为外部形式的变革，社会制度的变革会因此实现。"——这种想法最会阻挡目的实现了。这种谬论不仅不能让人们的活动有利于改善生活，反而会离真正要实现的目标越来越远。

　　社会制度的凭据不是科学，而是人的意识。文化的重点是道德的问题。如果不尊敬诚实、权利和义务，不爱邻人——总的来说，如果不存在道德，所有一切都是不安全的，都是会消失的。科学、工业、政治、海关、修饰等如果没有道德，那就是凭空而建的空中楼阁。以利害关系和武装组织为基础建立起来的国家是不稳定的，而且是不堪一击的，所有文化的根基必须是大众的优良德行和这种德行的尽情展现，而义务的理念就是其基础。悄无声息地履行自己的职责，所以做了表率作用的人是成立理想社会的强大助推力。

卢梭

　　了解每个人的特点，并发现其中隐藏的力量，才是思想真正正确的方向，而不是给世俗上的或精神上的权力成立新准则。走到正确方向上的思想才能给人类的进化做出贡献。实际上经常看到有很多盲人所引领的冲动而不幸的行为，可是这一切最后都会走向专制、权威和道德公式的坟墓。

叶芝

假如否定现存社会机构，或相信现存社会状态所存在的暴力是最大的恶，那么无政府主义就是没错的。可是假如觉得可以通过革命成立无政府状态，那就彻底弄错了。无政府主义的理想的建立，只有大家觉得政权不需要再保护，而且觉得参与到政权中是一件特别羞耻的事时。

我觉得我们必须先是一个"人"，之后才能是一个"人民"，我并不想在自己内心同样敬仰法律和善。法律并不能对人进行改善，相反，尊敬法律反倒会让善良的人和善背道而驰。

梭罗

我们一定要知道我们所有人都是神之子，我们来到这个世界上，必须服从一个共同的准则。我们一定要知道我们活着是为了大家，而不是为了自己。幸福的多少并不是人生的目的，自己更知道做善事而且也帮助别人做善事才是人生的目的，我们同时也要知道和不义、错误相对抗，不仅仅是我们可以享受的权利，也是我们应该履行的义务。

约瑟夫·马志尼

无政府主义并不代表要把所有制度都清除掉，只是代表把通过强权暴力来让人民遵从的制度废除掉。只有把暴力制度废除掉，人才能有心成立理性引导下的社会。

社会问题是没有止境的。

雨果

假如每个人都认可并服从强权下的法令，那么不仅真理不能成立，甚至谬误都不能减少。

睿智

十二月二十三日

借助睿智，人可以了解人生所拥有的永恒真理。

首个让哲学降临到大地上，并让它在人间广为传播的人是苏格拉底，他激励人学习人生、人的性情，还有和善恶相关的结果。

西塞罗

渊博和睿智是不能兼得的。尽管学者所知的事不少，可大部分都是不可靠的和不需要的；圣人所知的事不多，可是他所知道的都是自己和他人都需要的，而且这些事都是他切切实实知道的。

人类把教会或国家这种寄生虫养着。假如人类能让精神状态和身体一样洁净，没有寄生虫，那么人类的寄生虫当然也会消失。

认识自己精神的人，首先一定会在自己内部察觉到神的源头，并体会到自己的理性所拥有的神圣意义，而时常让自己的思想和行动和神的意思相吻合，让自己切实配得上接受神的赏赐。当一个人对自己深信不疑并通过自我意识对自己进行反省时，会发现自己原来有这么多的神恩，并有如此尊贵的手段来保持睿智。

西塞罗

没有从心灵层面来对福音书中的主要部分和次要部分进行辨别的人，不管他做的批判性研究如何，都不可能得到真正的了解。从心灵层面去辨别的人则用不着进行这样的研究，对于他们来说，福音书的教导是因为生活需要，而不是因为渊博需要。

圣人通常不是学识渊博的，而学识渊博的人又通常不是圣人。
（这句话的原文：知者不博，博者不知。）

老子

从事现代科学的人认为，科学的原因并不在于它应该是什么：在确定它应该是什么时，要描述它是什么。存在的东西，我们都了解，没有人需要对此进行描述。人们喝葡萄酒，抽雪茄，科学以在生理上确定葡萄酒和烟草的使用作为任务。人们互相残杀，从少数人手中夺走土地或劳动工具，科学、法律和经济证明这么做是有道理的。人们相信天方夜谭，而神学证明了这一点。科学的任务应该是认识什么，而不是存在什么。相反，当前的科学将自己的主要任务定为将人们的注意力从应有的东西上分散出去，并将其吸引到已经存在的和没有人需要知道的东西上。

在沙漠里，相比一座金山，一杯水要宝贵得多，同样地，相比其他所有知识，通过睿智得到的幸福要宝贵得多。

精神发展始于幼年时代，却因为体力的逐步下降而慢慢走向成熟，体力的下降和精神力的成长就好像两个圆锥体，只不过一个是正立的，一个是倒立的。

不管是自然界也好，还是人也好，和谐的成长都完成于安静和平和中。在吵闹中则通常只会产生罪恶的、粗俗的、毁灭性的东西。

尽管这样，却鲜少有人知道必须过安宁平静的生活，才能让精神发展。大部分人的生活是喧嚣的，一个人待着的时候便会觉得枯燥、不安。

只有在安静的孤独中，强大生命力的发展才会被人察觉到。基督就曾经这样说过："你要祈祷时，就到自己房间里去吧！"世界的和平非常需要这种安静中的成长，安宁让我们远离各种嘈杂的声音，让我们可以安静地聆听救赎我们的清脆的声音，而实现精神的发展。

对于我们来说，沉浸在安宁之中是最关键的事情，平静之声将带领我们得到自由的真理。

露西·马洛丽

德高的人会时常拥有理性和观察力，并不断让自己得到提高；教养不够的人则会时常陷入愚昧和罪恶中。

中国智慧

过精神生活的人年纪越大，他的智慧所涵盖的范围就越广，自我意识也更加清晰，可是随着年龄的增长，过俗世生活的人只会变得更加不堪一击。

《塔木德》

相比体力的增强，精神的成熟更加重要，将外在的一时的东西毁灭掉，反而对内在的永恒性的东西有帮助。

致力于自己精神的成长吧，而且帮助别人精神成长——你就是通过这个来穿越生活的。

生理的成长也就是为精神的活动（也就是对神和人的贡献）而准备东西，对神和对人的奉献和肉体的衰弱是一起开始的。

世间万物经历了出生、生长、开花结果之后又回到初始状态。回归代表着自然和安宁，也就是都顺其自然，也代表着永恒，所以肉体的毁坏是很安全的。

老子

对自己内在精神生活的存在与发展视若无睹是一件多么恐怖的事啊！只对肉体生活有所察觉的人，不久之后生命就会走向衰

弱甚至毁灭。

　　我们应该意识到自己的精神本质，并凭借这个生活。假如可以做到这样，我们所感受到的喜悦就不会受到任何损坏。

真正的慈悲

真正的慈悲必须是奉献的，而且是不为外人所知的。

你们要当心，不要在人前做善事，有意在他们面前表现，假如你们这样做的话，就得不到天父的恩赐了。因此你怜悯别人的时候，不要鼓吹，像那伪善之人有意在大街上和会堂里所做的事，是想要得到他人的夸赞。我实话跟你们说吧，他们的赏赐已经馈赠给他们了。你怜悯别人时，不要搞得众人皆知。你偷偷地做善事，你父在暗中观察到这一切，肯定会对你有所回报的。

《马太福音》6：1~4

慈悲的幸福只有辛勤的穷人才会知道，懒散的富人是不可能知道的。

慈悲先要开始于自己的家，假如你觉得离开家才能做到慈悲，那么你想做的也许称不上慈悲。

富人公开对穷人施以援手，即便最好的情况也只是一种礼仪，不能叫作慈悲。有人向你问路，你细心地给人指点，这也是一种礼仪；有人找你借钱，你如果可以做到，也是一种礼仪。这些和慈悲根本就是两回事。

举行慈善活动大部分情况下都没什么好处，反倒有害，当然也有可能是有好处的（不过这种情况很少见）。不管怎样，这称不上一种德行，这种活动只彰显出了活动的组织者没有真正的慈悲心，不了解这种情感。

只有把物质牺牲掉以后，物质上的慈悲才能称为善，也只有在这种情况下，接受的人才能同时领悟到精神上的馈赠。

如果那不是牺牲，而只是把多出来的物质施舍给别人，那么接受者心里就会惶惶不安。

儿童教育

十二月二十六日

对于外界传达给儿童的东西，他们极容易接受，所以在教育上最关键的就是选择会对儿童产生影响的教材。

现代大部分人都误以为自己的信仰是基督教，恪守的是基督教的道德律，可是这只是他们的白日梦而已。事实上他们遵从的道德律是扭曲的，这样的道德并没有被他们当作对新一代进行教育的理想。

在孩童时期人所接受的东西，会留下最深刻的印象。儿童本身的判断和儿童实际所看到的相比，后者的影响力要远远大于前者，所以假如儿童在现实中所看到的东西如果和他们在书中接收到的知识完全不一样的话，那么即便他读了再多的书，可依然是贫乏的、可笑的。

儿童的宗教和他们现实所看到的所作所为密不可分，相比之下，父母的语言教育产生的作用反而微乎其微。对于儿童来说，父母的指责、惩罚就像狂风暴雨一样，他们的生活是内在无意识的理想之活动，是通过本能来对父母的信仰进行感觉并预知的。

儿童可以撕下我们虚伪的外衣看到我们的本性，这是儿童独有的相面术。他们是最大的一面镜子，他们会凭借自己与生俱来的本领对受到的种种影响进行加工然后反映出来。

所以自我教育是教育上最本质的原则，最关键的是原则对你自己的意志进行好好引领，这样才能引领儿童的意志。

卢梭

小孩常会听到大人这样对自己说，对其他动物不要太残忍了，要爱护弱小的东西，可是小孩却在厨房看到被杀了的鸡鸭；大人在让孩子们看到自己粗鲁的不道德的行为的同时，又教给他们一些冠冕堂皇的大道理，小孩到底能从中学到什么呢？

斯特鲁维

不管怎样，年轻人必须知道一点，也必须在这一点上加强训练，那就是尽可能减少欲望。自古以来就有一个真理，却一直没有引起人们的重视，那就是"欲望和幸福成反比"。

利希滕贝格

一心想过舒适生活的人，也终将给自己的生活带来不幸，所以让孩子们从小学会勤劳是一件至关重要的事情。

康德

尽管告诉孩子们谦卑、勤劳和富有同情心的生活非常重要，可假如孩子们自己所看到的却是父母的杀生、懒惰和奢靡行为，那么再多的说教都是没有意义的。

　　给儿童做好表率是对他们进行的最重要的道德教育。前提是你自己一定要过善的生活，最起码要朝这个方向努力。你自己过的生活越善，对孩子们的教育效果便越大。

宗教本质

我们看到和知道的一切，不是它的真实存在，而是靠我们的认知能力所反映出的。

天空和土地皆广阔无垠，但它们有颜色，形状和大小。在人类中，有些东西既没有颜色，也没有形状，也没有数量，也没有大小——这是理性的。

如果世界本身是无生命的，那么它就会被人的理性赋予生命。但世界是无限的，人类的思想是有限的，因此人类的思想不可能成为整个世界的思想。

从中可以清楚地看出，世界必须被理性赋予生命，这种理性应当是无限的。

孔子

当人们谈论天堂是一个极乐之地时，他们通常会想象它在巨大的世界空间中高高在上。但与此同时，他们忘记了从这些世界空间看来，我们的地球似乎也是天上的星星之一，这些世界的居住者可以用同样的权利说："看那颗星星，这个地方永恒着幸福，哪里为我们准备了天国避难所,我们就去往哪里。"事实是,由于我们奇怪的错误,我们的信仰总是与上升的概念联系在一起,因此他们并不认为,为了在另一个世界站的牢固,无论我们上升得多高,我们仍需再次降落。

康德

我们不应该说世界在我们身上反映出来,而应该说我们的思想在世界之中得到反映。我们不能这样做:我们应当承认世界上的秩序和明智管理,这源于我们思维能力的结构。但是,由此我们的思维所必需的东西在现实中是完全不可遵循的,因为我们根本不了解外部世界的实际结构。

利希滕贝格

看看这个伪装的阴影,它虚弱,痴迷于欲望,没有力量,无法自卫,疲惫不堪,这无力孱弱的身体,好像它已经准备好碎成碎片,生命已趋近死亡。裸露的头骨就像一个在秋天被摘下来的南瓜。你还会高兴吗,你还能怡然自乐吗?

这座堡垒是为骨头而建,上面覆盖着肉,浸透着鲜血,苍老与死亡,自豪与傲慢居住在其中。国王的宝贵战车被摧毁,苍老使身体几近毁灭;只有良好的学识不会变老,不会破灭。

佛教智慧

一旦一个人将自己视为一个有形的存在,他就会成为一个未解之谜,一个解不开的矛盾。

　　为了理解事物的真正含义，有必要将可见的转向不可见的，将物质层面的转向精神层面的。

科学的是与非

十二月二十八日

如果科学是为了找到人生的法则，那么它就是人类至关重要的活动。可是如果它只是为了让有闲阶级好奇，那么它就成了一件极其乏味而愚昧的事。

似乎为了认识被称为科学的活动重要性，人们必须证明这些活动是有用的。科学界人士通常说，既然我们从事着著名的学科，所以这些活动，或许，在某个时间，某个地方和对于某些人都会有用。

有一种粗略的科学迷信与宗教迷信来源相同，来自人类欲望放纵的弱点，和宗教相同，甚至更有害。人们是错的，他们生活得很糟糕。人类的自然属性，是为了认清生命的偏差，并试图改变它，但这里的"科学"是国家、金融、教会、刑事、警察机关和其他权利的科学。政经科学、历史学和时式的社会学证明，人们的不良生活是按照固定的规律进行的，人们的主要事业不应该是与自己的弱点斗争，把生活从更坏变到更好，而应该终身遵循由科学家发现的生活规律。如果宗教迷信不能使在恶劣生活中的人安心，不为其辩白，那么它就永远不会被人们所接受，因为这显然违背了人类的理性和良知。

没有一种宗教迷信给人类带来这样的恶意，从来没有，也不能够。

要想承认"科学研究"非常重要，则必须先对它可以给人类谋福利进行证实。可是学者通常纯粹只是为了研究而研究，他们无比确信自己所开展的研究终会发挥作用。

和宗教上的迷信一样，学问上的迷信也屡见不鲜，它来源于逃避人的不足之处，和宗教上的迷信一样，它也是害处无穷的。人不可能不犯错，人的生活不可能一直尽善尽美，甚至容易跌进邪恶的泥潭中。可是人的天性是发现自己的生活不足之处时，就会想办法改进。但是后来因为学问这种东西的出现——政治学、经济学、法律学、神学、政治经济学、史学，还有近代才开始兴起的社会学，它们都认为人的邪恶生活来源于永恒的自然法则，所以人的使命不在于和自己的不足之处相对抗，让自己的生活变善，而是人只要遵守学者所探知到的法则，自己的生活就会走向顺遂。这种迷信和人类健康的思想和良心是完全背道而驰的，所以如果不是因为这种迷信在给人的邪恶生活辩护，带给人抚慰，那么它绝对是会被人们所排斥的。

我们对人的肉体生活并不是特别了解，想想为了了解生活，我们必须学习多少东西。肉体需要的东西很多，像时间、地点、运动、温暖、营养、水、空气、光和其他种种，因为大自然的所有一切都是融为一体的，所以必然要知道全部，知道一切。为了对我们的肉体生活进行了解，也不一定非要了解它所需要的所有东西或者整个宇宙。可是宇宙是无穷无尽的，想要对它进行了解，人力是不可能做到的，也正因为这样，我们甚至都无法全然知道自己的肉体生活。

帕斯卡

对人类精神生活并不会带来什么好处的学问进行研究，如天文学、数学、物理等，以及像滑雪、划船、郊游、走路以及其他各种娱乐活动，只要不会影响到我们履行职责时才是被许可的。对自己的职责置若罔闻，只一心扑在对人类精神上的幸福并没有什么好处的学问上，就像沉浸在各种娱乐活动中一样，是不道德的。

现代人用多种名称来叫的东西并不是真正的学问，它一定是人类的幸福所不可缺少的最高尚的东西。

不和暴力相对抗

十二月二十九日

如果暴力一直存在，那么战争就不会停歇。暴力从来不能打败暴力，打败暴力只有一个方法，那就是不和暴力相对抗，不加入暴力中。

如果我的士兵们都学会了思考，那么战场上也许就没有士兵了。

腓特烈大帝

由于经过数千年的培育，人们的脑子里已经深深留下了战争时杀人的残忍本能。可是我们还是希望将来会出现比我们进化得更好的人类远离这种恐怖的罪恶。到那时，更进化的人类会如何看待我们今日所引以为傲的杰出文明呢？也许他们的想法就类似于我们对古代墨西哥民族好战的、粗鲁的，而且又是敬神的作风的想法吧。

雷多尔诺

我终于知道什么是军规了。当下士跟小兵说话，或中士对下士，以此类推，就算二乘以二被说成等于五也依然没错，这就是军规。刚开始要了解这种事是非常不容易的，可后来得知不管在哪个军营里，如此明确的军规布告被贴得到处都是，才让我知道了上面的情况。布告上说如果士兵不服从上级的指示，或者躲避兵役逃回家乡，都要面临五年监禁甚至是死刑的处罚。

克曼·查特里安

　　如果我买回一个黑奴，他就成了我的东西，他必须像牛马一样干活，如果他不听我的指挥，我就鞭打他，或克扣他的口粮，可是这是最恐怖的事情吗？对待士兵，我们何尝比这要好呢？士兵不是和这个黑奴一样，没有人身自由权吗？不管是黑奴还是士兵，他们都只能在被安排的地方活动，二者只要稍有不对，都会受到鞭打。他们工资基本是一样的，可是相比士兵，黑奴不用担心失去生命，而且还可以和妻子儿女生活在一起。

法朗士

　　只有在所有人都远离暴力，而且用非暴力抗衡暴力时，暴力才不会再出现，战争也才会消失——这是让战争不再出现的仅有的一个办法。

大团结

十二月三十日

全世界的人已经慢慢觉察到人类本应团结在一块儿的。

基督在世上的职责是：让所有人都亲如一家人；所有人都在神的帮助下紧密结合在一起；让大家相信基于神圣法则（也就是爱的法则），所有的人都是密不可分的，并相信这就是生命的永恒性。

拉梅内

在精神世界里，大家都是亲人，我们知道吗？人的内在和万物的源头是相互连通的，我们知道吗？人可以持续走向神的完美性，我们知道吗？不管是我们心中，还是其他人心中，都有神性的生活存在，我们知道吗？正是这些东西让所有人真正融为一体。

彼此之间必须有新的尊敬，人类的生活组织才能得到改善；如果大家依然像现在一样互相如家畜一样对待对方，那么暴力、奸诈、利用别人以实现个人目的的状态就会一直持续下去。如果对于自己和神的亲密关系，对于神赋予人的重大使命，人统统不了解，那么同胞爱的精神也就消失了。

现在这种思想却被看作是虚幻的，那些笃定所有人都是神之子、希望在所有人心中找到爱的人却被看作是空想家。可是只有对这种最简单的真理了然于心的人，才有可能对社会进行变革，也才能确立我们现在难以想象的新关系。没有人能想象，因为所有人都探究到对方的精神范畴，知道就算身份最卑微的人也存在的精神意义，社会会发生怎样的变化，人们彼此之间会出现怎样彼此爱护、安宁、平静的气氛，还有对社会进行变革的精力！

　　到那时，对于现在的我们来说丝毫不会引起我们重视的小羞辱、小苦恼都会猛烈地搅扰我们的心，甚至超过现在最大的罪恶；到那时，在其他人心中，每个人都是神圣的，任何羞辱人的行为都会被觉得是污辱神。知道这个真理以后，我们就会在所有邻人的内心深处发现神，我们也不会再诽谤邻人。这样的真理是最切实可靠的，我们现在急需新的启迪，可是这个启迪和天国、地狱是没有关联的，只和我们内心里的精神相关。

伊凡·蒲宁

　　对于我们所害怕的人，我们不可能去爱他们，同样地，对于害怕我们的人，我们也不可能去爱他们。

西塞罗

　　讲道德的同时将义务也设定在国家和家庭范围内的人，尽管程度有别，可一样都是在主张对己对人都有害的利己主义。家庭和国家是两个圆，可是二者都必须被一个更大的圆包括在内，这是两个一定要经过的步骤，可是不能局限于此。

约瑟夫·马志尼

　　因为了解到普通人所产生的万物一体的意识都是来自同一精神根源，将让人的内在和外在都觉得幸福。迷信以及人们之间的分离会阻碍这种意识，而真理和爱会确认这种意识。

生命的善行：托尔斯泰陪你走过春夏秋冬

时间是虚无的

十二月三十一日

过去已经消失，未来还在来的路上，现在是已经消失的过去和还没有到来的未来二者间非常小的一点，而人就在它的中间生活着。

"时间流逝"——这是我们惯常的说法。可是时间没有动，动的是我们呀！

《塔木德》

时间在我们眼前、我们背后，可就是不在我们身边。

精神和肉体共同组成了我。对于肉体来说，万物都是一样的，因为物体没有辨别的能力，对于精神来说，所有不来自精神的也是一样的，而精神是彼此独立的。可是不管在过去，还是将来，精神生活都没有任何意义，其只在现在很重要。

马可·奥勒留

时间是一个非常大的虚幻的存在，它只是一面内在的棱镜，我们通过它来认知事物或生活，而就在时间以下，我们不停地看到超越时间的，也就是在观念中存在的东西。眼睛不可能一眼把球体看全，可是球体是存在的，只有以下两种情况可以把整个球体看清：也就是人的眼前就是旋转的球体，还有就是眼睛本身就活动在球体周边。

前一种情况是旋转在时间中或好像在运动的世界，后一种情况是我们的研究对象——持续变化的"思想"。对于至高的理性来说，"时间"是虚无的，未来也就是现在。时间只是我们通过利用有限存在的无限存在的片段。

卢梭

以下的聪明人我们可以想象一下：也就是相比追忆过去，预知未来要简单得多。可是在小虫的本能之中，我们也可以发现某种东西是指向将来的，而不是指向过去的。如果高等动物追忆过去和预知未来的程度是一样的，那么我们不是要被小虫打败了吗？事实上，预知未来的能力和追忆过去通常立场是相反的。

利希滕贝格

我们的肉体之中存在心，心就在这里发现数、时间或大小，而且判断它们，而叫作自然、必然——人只能这样想。

帕斯卡

"时间"是虚无的，只有无限小的现在是存在的，生活就在这中间践行着，所以人必须全神贯注于现在。